D1661784

2014 Martina Sylvia Khamphasith
4. überarbeitete Auflage
Layout und Satz: Martina Sylvia Khamphasith
Umschlagmotiv: Handgewebte Seide
nach einem Design von Carol Cassedy, Lao Textiles

Printed in Germany
Hamburger Haiku Verlag

ISBN 978-3-937257-98-3

Warum Krokodile keine Affenherzen fressen

Fabeln und Tiergeschichten aus Laos

Nacherzählt von
Martina Sylvia Khamphasith

Inhalt

Spruchweisheiten

Wenn du die Schildkröte freilassen willst,
musst du sie ans Wasser setzen.

*

Ein schlechter Fisch verdirbt das ganze Netz.

*

Der größere Fisch frisst den kleineren,
der kleinere den kleinsten.

*

Wenn der Fluss austrocknet,
fressen die Ameisen die Fische.
Wenn das Wasser steigt,
fressen die Fische die Ameisen.

*

Entkommst du dem Elefanten,
triffst du auf einen Tiger.
Entkommst du dem Tiger,
triffst du auf ein Krokodil.

*

Der Wald besteht, damit der Tiger lebt,
der Tiger lebt, damit der Wald besteht.

*

Wenn man die Kobra am Hals gepackt hat,
ist sie noch nicht tot.

*

Wenn sich die Büffel bekämpfen, leidet das Gras.

Der Tiger und die Kobra

Einst lebte in einem Dschungel ein großer starker Tiger. Die Tiere fürchteten ihn sehr, denn jeden Tag verspeiste er ein paar von ihnen.

Eines Tages legte sich der Tiger, als er sich satt gefressen hatte, unter einen Baum und schlief. Neben ihm war ein großer Termitenhügel, in dem eine Kobra wohnte. Der Kopf des Tigers bedeckte den Ausgang des Baus der Schlange, sodass diese kaum noch Luft zum Atmen bekam. Verärgert biss sie den Tiger tot.

Da kam ein Luesi* des Weges. Er hatte Mitleid mit dem Tiger und flößte ihm eine Medizin ein, die ihn wieder zum Leben erweckte. Der Tiger wachte auf und schrie den Luesi an: „Was wagst du es, mich beim Schlafen zu stören! Ich hatte gerade einen so schönen Traum. Zur Strafe werde ich dich fressen."

Der Luesi antwortete: „Du warst tot und ich habe dich zum Leben erweckt. Ich habe dich gerettet."

Das ließ der Tiger nicht gelten. Da schlug der Luesi vor, den Fall vors Gericht zu bringen. Sollte der Tiger Recht bekommen, dürfe er den Luesi fressen.

Auf dem Weg zum Gericht begegneten ihnen zwei Thewada**. Der Luesi berichtete ihnen vom Streit mit dem Tiger. Die Thewada waren unschlüssig. Sie überlegten: „Geben wir dem Luesi recht, wird der Tiger den Wald verlassen und die Menschen werden kommen und die Bäume fällen und den Wald vernichten. Geben wir dem Tiger recht, wird er den Luesi fressen. Doch der Luesi ist im Recht, und er muss sterben, wenn wir ihn verurteilen."

Sie antworteten: „Der Luesi ist schuldig. Er hat den Tiger aufgeweckt. Das hätte er nicht tun dürfen. Der Tiger darf den Luesi fressen."

Der Luesi war nicht einverstanden mit dem Urteil, so befragten sie den Fuchs.

Der Fuchs überlegte: „Der Tiger ist nützlich für mich. Oft bleibt etwas von seiner erlegten Beute übrig für mich." So gab er dem Tiger recht.

Der Luesi erhob wiederum Einspruch gegen das Urteil.

Sie fragten die Eule um Rat. „Der Luesi hat natürlich recht, doch wenn ich so entscheide, wird mich der Tiger fressen", überlegte die Eule. „Mir täte es aber leid um den Luesi. Eine schwere Entscheidung." Doch schließlich gab die Eule dem Tiger recht.

Der Luesi gab nicht auf und erkannte das Urteil nicht an.

Sie befragten den Affen. „Gar nicht auszudenken, welchen Ärger mir der Tiger in Zukunft machen würde, wenn ich ihn verurteile! Soll er doch den Luesi fressen, Hauptsache ich habe meine Ruhe", dachte der Affe und gab dem Tiger recht.

Da kam ein Hase vorbei und fragte, was los sei. Der

Luesi erklärte ihm, was sich zugetragen hatte. Der Hase hörte aufmerksam zu. Er dachte: „Der Tiger ist ein bösartiges Tier. Anstatt sich beim Luesi dafür zu bedanken, dass er ihm das Leben gerettet hat, will er ihn fressen. Das darf nicht geschehen."

Der Hase sprach: „Ich kann nur Recht sprechen, wenn ich weiß, wie sich der Vorfall genau zugetragen hat. Führt mich zu dem Platz des Geschehens."

Und so gingen die drei Tiere zum Termitenhügel.

„Leg dich genau so hin, wie vorhin, als dich der Luesi geweckt hat", forderte der Hase den Tiger auf.

Der Tiger legte sich wieder vor den Eingang des Schlangenbaus.

Die Kobra wunderte sich: „Habe ich diesen Tiger nicht eben totgebissen? Wieso ist er schon wieder hier und versperrt mir die Sicht? Einmal beißen reicht wahrscheinlich nicht, um das Biest zu töten."

Die Schlange produzierte so viel Gift, wie sie konnte und biss dreimal zu.

Der Tiger war auf der Stelle tot.

*Eremit, ; Einsiedler
** hier: Baumgeister

11

Der Tiger und die Kröte

Eines Tages ging der Tiger am See spazieren. Plötzlich tauchte vor ihm im Bambusdickicht ein Tier auf, das er noch nie gesehen hatte. Es war erdfarben, hatte dicke Warzen auf dem Rücken und war unvorstellbar hässlich. Der Tiger sprach das Tier an: „Warum bist du so klein und so hässlich? Hast du nicht genug zu fressen?"

„Wie kommst du darauf?", fragte das Tier verärgert.

„Wenn du genügend Futter hättest, wärest du groß und stattlich wie ich", erwiderte der Tiger. „Ich fresse Hirsche, Rinder und Wildschweine. Mein Tisch ist täglich reichlich mit frischem Fleisch gedeckt. Und was frisst du?"

„Was ich zum Leben brauche, gibt es zur Genüge im Dschungel, aber am liebsten fresse ich Tigerleber. Deine wäre jetzt nicht übel."

Plötzlich sprang das Tier mit einem Satz auf den Kopf des Tigers und verspritzte eine klebrige Flüssigkeit aus seinen Drüsen.

Das Gesicht des Tigers brannte wie Feuer und er machte sich so schnell er konnte auf und davon.

Als er durch den Dschungel rannte, sprach ihn ein Affe an: „Tiger, was rennst du so schnell? Wovor fürchtest du dich?"

„Ich habe gerade ein Tier getroffen, das mich töten und meine Leber fressen wollte. Ich habe Angst um mein Leben."

„Ich kenne kein Tier in unserem Dschungel, das einen Tiger töten könnte. Wie sah denn dieses Tier aus?"

„Es war braun, hatte riesige Warzen auf dem Rücken und sah sehr hässlich aus."

„Ha, ha, ha!", amüsierte sich der Affe: „Das war die Kröte. Die lebt unten am See im Gehölz. Komm, wir gehen zu ihr. Dann kannst du dich davon überzeugen, dass sie sich nur von Fliegen ernährt."

„Nein, ich will nicht. Das Risiko gehe ich nicht ein", antwortete der verängstigte Tiger.

„Wenn du solche Angst hast, können wir uns aneinander festbinden", beschwichtigte ihn der Affe. Er nahm eine Liane und band ihre Schwänze zusammen. Dann setze er sich auf den Rücken des Tigers und sie zogen los, um die Kröte zu suchen.

Als die Kröte die beiden kommen sah, sprach sie zum Affen: „Wen schleppst du denn da an? Du schuldest mir noch zwei Säcke Reis. Aber gut, dann nehme ich eben diesen Tiger. Ich habe schon lange keine gute Tigerleber mehr gegessen."

Der Tiger zitterte vor Angst und schrie den Affen an: „Du Lügner! Du steckst mit der Kröte unter einer Decke!" Er rannte so schnell er konnte davon und schleifte den vor Schmerzen stöhnenden Affen hinter sich her.

Der Tiger und die Klugheit

Eines Tages ging ein Bauer mit seinem Büffel aufs Reisfeld, als plötzlich ein Tiger auf ihn zu kam und sprach: „Ihr Menschen seid sehr klug. Wenn du mir etwas von deiner Klugheit abgibst, so will ich dich und deinen Büffel verschonen. Wenn nicht, fresse ich erst dich und dann deinen Büffel."

Der Bauer hatte große Angst und sagte mit zittriger Stimme: „Gern gebe ich dir meine Klugheit, wenn du mich dafür am Leben lässt, aber ich habe die Klugheit nicht mitgebracht. Sie liegt bei mir zu Hause, denn auf dem Feld brauche ich sie nicht."

„Du hast deine Klugheit nicht bei dir?", wunderte sich der Tiger. „Dann geh nach Hause und hole sie. Ich bleibe hier bei dem Büffel und warte."

„Ich werde gehen, um die Klugheit zu holen, aber ich habe Angst, dass du in der Zwischenzeit meinen Büffel frisst."

„Nein, ich muss unbedingt deine Klugheit haben, ich werde den Büffel nicht anrühren."

„Das glaube ich dir nicht. Lass mich dich fesseln, damit du dich nicht vom Fleck rühren kannst. Wenn ich wiederkomme, binde ich dich wieder los."

Der Tiger war einverstanden. Der Bauer umwand den Körper des Tigers mit dicken Strohstricken, sodass er sich nicht befreien konnte. Dann ging er fort und holte Streichhölzer. Als er wiederkam, zündete er das Stroh an.

„Das ist meine Klugheit", rief der Bauer. „Du wolltest sie unbedingt haben."

Das Feuer loderte und der Tiger brüllte vor Schmerz. Mit letzter Kraft befreite er sich von den brennenden Stricken und rannte zurück in den

Dschungel.

Seitdem meidet der Tiger die Menschen. Noch heute trägt der Tiger Streifen, die von den brennenden Stricken herrühren.

Der Tiger und der Specht

Ein Tiger erlegte einen Hirsch und verspeiste ihn unter einem Baum. Plötzlich blieb ihm ein Knochensplitter zwischen den Zähnen stecken und er verspürte starke Schmerzen. In seiner Not wandte sich der Tiger an den Specht und bat ihn, den Knochen mit seinem Schnabel herauszuziehen. Er versprach dem Vogel, ihn fortan zu beschützen und ihm von seiner Beute abzugeben. Dem Specht tat der Tiger leid und er zog den Knochen heraus.

Der Tiger war froh, dass er von seinen Schmerzen befreit war, und lief davon.

Einige Tage später erlegte er wieder einen Hirsch, schleifte ihn unter den Baum und begann zu fressen. Da kam der Specht herab und sprach: „Hast du vergessen, was du mir versprochen hast, als ich dich von dem Knochen befreite? Du hast mir bis jetzt noch kein einziges Stück Fleisch abgegeben. Auch jetzt frisst du wieder allein. Du bist mir zu Dank und Respekt verpflichtet."

Der Tiger antwortete:

„Was nutzt einem eine Kuh,
die keine Milch mehr gibt,
was nutzt einem ein Baum, der kein Obst mehr trägt,
was nutzt einem ein Boot,
nachdem man den Fluss mit ihm überquert hat,
was nutzt du mir,
wenn ich keine Zahnschmerzen habe?
Ich brauche dich nicht mehr,
ich kenne dich nicht mehr!"

Der Specht antwortete:

„Die Kuh wird eines Tages wieder Milch geben,

der Obstbaum wird eines Tages wieder Früchte tragen,
und wer mit dem Boot über einen Fluss gefahren ist,
muss auch wieder mit ihm zurückfahren.
So wirst auch du mich eines Tages wieder brauchen,
wenn ein Knochen zwischen deinen Zähnen stecken
bleibt.

Warum zeigst du dich jetzt, da du keine Schmerzen
mehr hast, mir gegenüber nicht dankbar?"

Der Tiger entgegnete:

„Ich ernähre mich von lebenden Tieren. Ist es nicht
Dankbarkeit genug, wenn ich dich am Leben lasse?
Ich hätte dich schon fressen können, als du nahe an
meinem Maul warst, um den Knochensplitter zu
entfernen."

Der Tiger setzt sich zur Ruhe

Eines Morgens erwachte der Tiger mit starken Rückenschmerzen. Nur mit Mühe stand er auf und ging vor seine Höhle. Da lief ein junges Reh vorbei. „Genau das Richtige zum Frühstück", freute sich der Tiger und wollte dem Reh hinterherrennen. Doch nach zehn Metern gab er es auf: Das Reh war aus seinen Augen verschwunden. „Ich bin zu alt zum Jagen", dachte der Tiger. Er rief alle Tiere des Dschungels zusammen: „Ich, der König der Tiere, möchte euch etwas mitteilen. Jahrelang war ich euch ein guter König. Ich war klug und weise und im Wald herrschte immer Frieden. Ab und zu habe ich einen von euch verspeist, aber jedes Tier muss sich schließlich ernähren. Die Schlange frisst Mäuse, die Kröte fängt sich Fliegen und wir Tiger fressen Rehe und Hasen. Nun bin ich alt geworden. Meine Tatzen sind lahm, meine Augen können nicht mehr weit genug sehen und meine Zähne sind stumpf. Ich werde mich zurückziehen in meine Höhle. Doch ich lasse euch natürlich nicht im Stich. Wer eine Frage hat oder einen Rat braucht, der kann gern zu mir in die Höhle kommen und ich werde ihm helfen."

Der Tiger verabschiedete sich und verkroch sich in seiner Höhle. Die Tiere jubelten, denn sie waren froh, den Tiger endlich los zu sein.

Eines Tages sprang der Hase aus seinem Bau, den er sich in einem hohlen Baumstumpf eingerichtet hatte, und ging auf Futtersuche. Als er zurückkam, saß ein Rebhuhn darin. „Huhn, verschwinde aus meinem Bau, hier wohne ich", forderte der Hase es auf.

„Nein, der Baumstumpf war leer. Jetzt habe ich hier mein Nest gebaut und werde meine Eier ausbrüten."

„Hau ab von hier, ich wohne schon lange in diesem Baum, das ist mein Bau."

Und so stritten sie sich immer lauter. Das hörte ein Affe. „Warum streitet ihr euch? Wenn ihr euch nicht einigen könnt, geht doch zum alten Tiger. Er wird entscheiden, wer recht hat."

Das Waldhuhn und der Hase machten sich auf den Weg zur Höhle des Tigers und erzählten ihm ihr Begehren.

Der Tiger überlegte: „Das ist ein schwieriger Fall, aber ich werde weise entscheiden. Komm näher heran, Huhn, ich werde dir meine Entscheidung ins Ohr flüstern".

Das Huhn hüpfte zum Tiger, der packte es und verschlang es.

„Na, Hase, war das nicht eine weise Entscheidung?", fragte der Tiger.

„Danke, Tiger, du hast klug entschieden. Es war mein Bau, denn ich war zuerst darin."

„Ja, Hase, komm und reiche mir deine Pfote zum

Dank."

Der Hase streckte dem Tiger seine Pfote hin. Der Tiger ergriff sie, packte den Hasen und verschlang ihn.

„Das war ein gutes Abendessen", lachte der Tiger. „Ich hoffe, es gibt noch viele Rechtsfragen im Dschungel zu entscheiden."

Der Tiger verlässt den Wald

In einem Dschungel lebte einmal ein großer, gefährlicher Tiger. Die Menschen in der Umgebung hatten eine solche Angst vor ihm, dass sie diesen Wald niemals betraten. Weder jagten sie dort, noch sammelten sie Früchte, Pilze oder Feuerholz.

In dem Wald gediehen die Bäume prächtig. Überall blühte und duftete es und die Vögel zwitscherten.

Der Tiger ließ es sich gut gehen. Er hatte so viel Nahrung, dass er nur die besten Stücke des Fleisches fraß und die Reste achtlos wegwarf. Bald war der Boden übersät von Knochen, Fellen und Aas und überall breitete sich Gestank aus.

In dem Dschungel lebten auch zwei Thewada. Sie betrachteten das Treiben des Raubtieres mit zunehmendem Unbehagen. Eines Tages unterhielten sie sich: „Schau dir das an. Der Tiger verdirbt uns den ganzen Wald. Die Luft ist erfüllt von Aasgeruch. Ich werde die Raubkatze davonjagen", sprach der eine Thewada.

„Ja, die Luft ist schlecht", pflichtete ihm der andere bei, „aber die Spur des Tigers hält die Menschen davon ab, in den Wald zu kommen. Der Tiger schützt die Bäume vor dem Verderben. Wir sollten uns lieber an ihn gewöhnen und das geringere Übel akzeptieren."

Doch der erste Thewada hörte nicht auf den Rat

seines Freundes. In der Nacht knackte und peitschte er so fürchterlich laut mit den Zweigen, dass der Tiger Angst bekam und den Wald verließ.

Als die Menschen die Spur des Tigers nicht mehr sahen, wussten sie, dass er den Wald verlassen hatte. Sie kamen mit ihren Äxten und fällten die eine Seite des Waldes und legten dort ein Reisfeld an.

Als der erste Thewada das sah, war er sehr erschrocken. Er sprach zu seinem Freund: „Ich habe einen Fehler gemacht. Ich möchte den Tiger überreden, wieder zurückzukommen in unseren Wald."

Doch der Tiger war in einen weit entfernten Dschungel gezogen und lehnte eine Rückkehr ab.

Bald darauf kamen die Menschen wieder und schlugen mit ihren Äxten auch die andere Hälfte des Waldes ab und legten dort neue Reisfelder an.

Der Affe und die Heuschrecke

Vor langer, langer Zeit nutzten die Tiere die Heuschrecke für Botengänge. Heuschrecken waren klein, beweglich und immer zuverlässig.

Eines späten Nachmittags bekam eine Heuschrecke

den Auftrag, einen dringlichen Brief zu befördern. Als sie mitten im Dschungel war, wurde es dunkel. Sie hatte Angst und wollte ihren Weg erst am nächsten Morgen fortsetzen. Die Heuschrecke entdeckte ein Vogelnest auf einem Baum, sprang hoch und bat den Vogel, sie übernachten zu lassen. Der Vogel hatte Bedenken: „Nein, Heuschrecke, das geht nicht. Bei uns ist es zu eng. Ich habe gerade drei Junge im Nest."

„Ach bitte", bat die Heuschrecke, „nur für eine Nacht."

„Nein, ich befürchte, du könntest im Schlaf mit deinen scharfen Hinterbeinen meine Jungen töten." „Ich werde mich vorsehen", versprach die Heuschrecke. „Ich ziehe meine Beine ein und mache mich ganz klein."

Der Vogel ließ sich überreden und die Heuschrecke legte sich zum Schlafen ins Nest. Sie war sehr vorsichtig, doch im Schlaf streckte sie sich aus und tötete dabei mit ihren scharfkantigen Hinterbeinen ein Küken.

Als der Vogel am nächsten Morgen sein totes Junges sah, war er sehr traurig. Er forderte die Heuschrecke auf, mit ihm vor Gericht zu gehen, damit sie bestraft werde.

Die Heuschrecke willigte ein. Der Richter war der Affe, ein ständig herumzappelndes Tier, das es nie lange an einer Stelle aushielt. Er ließ sich die Geschichte erzählen und befand die Heuschrecke für schuldig. Die Heuschrecke jedoch wies jede Schuld von sich. Es sei nicht ihre Absicht gewesen, den jungen Vogel zu töten. Affe und Heuschrecke diskutierten hin und her. Der Affe ärgerte sich und fühlte sich in seiner Ehre als Richter verletzt. Er forderte die Heuschrecke zu einem Wettkampf auf. Am nächsten Tag sollten drei Heuschrecken und drei Affen gegeneinander antreten.

Die drei Affen erschienen lange vor der vereinbarten Zeit und konnten es gar nicht erwarten, die kleinen Heuschrecken zu besiegen. Die ließen sich jedoch Zeit, denn sie mussten ihre steifen Glieder erst in der Sonne aufwärmen.

Dann hopste eine Heuschrecke auf den Kopf des ersten Affen. Der zweite Affe schlug zu, doch die Heuschrecke saß schon längst auf dem Kopf des zweiten Affen. Der dritte Affe schlug zu. So hopsten die drei Heuschrecken auf den Köpfen der Affen hin und her, bis diese sich gegenseitig totgeschlagen hatten.

Als der Richter das sah, rannte er vor Angst davon.

Warum Krokodile
keine Affenherzen fressen

Mitten im Dschungel, in einem großen Fluss, lebte einmal ein Krokodil mit seiner Frau.

Eines Tages sagte das Weibchen zu ihrem Mann: „Geh und besorg uns etwas zum Mittagessen, aber bitte nicht schon wieder Fische."

„Hast du einen besseren Vorschlag?", fragte das Männchen.

Das Weibchen überlegte. Da sah es auf den Bäumen einige Affen herumturnen. „Ich hab's: Affenherzen! Das wäre jetzt genau das Richtige! Eine willkommene

Abwechslung."

„Affenherzen? Keine schlechte Idee. Nur wie wollen wir an die Herzen kommen, wenn die Affen auf den Bäumen sitzen und wir hier unten?"

„Lass dir was einfallen", sagte das Weibchen. „Schwimm los und besorge uns ein paar Affenherzen."

Das Krokodilmännchen überlegte, dann hatte es eine Idee. Es schwamm ans Ufer. Dort saß gerade ein Affe und fraß eine Banane.

„Hallo, Affe, was isst du denn da?", fragte das Krokodil.

„Das ist eine Banane. Reif und süß. Möchtest du mal kosten?"

„Oh nein, wir Krokodile mögen keine Bananen. Aber weißt du was? Dort drüben am anderen Ufer gibt es viel größere und saftigere Bananen als hier. Wenn ich du wäre, würde ich dorthin gehen."

„Wirklich? Gern würde ich das tun, aber wie soll ich ans andere Ufer kommen, wo ich doch nicht schwimmen kann?"

„Das ist doch kein Problem! Ich helfe dir gern. Setz dich nur auf meinen Rücken und ich bringe dich rüber. Es kann schon losgehen."

Der Affe setzte sich auf den Rücken des Krokodils und sie schwammen los.

„Na, wie gefällt dir das?", fragte das Krokodil.

„Gut", aber es klang nicht sehr überzeugend.

„Und das?", fragte das Krokodil und tauchte kurz unter.

„Warum tust du das? Ich ertrinke! Willst du mich umbringen?"

„Umbringen wäre nicht übel. Meine Frau hat Appetit auf Affenherzen!"

Da lachte der Affe: „Meinst du etwa, ich würde mein Herz ständig mit mir herumtragen? Ich habe es oben auf dem Baum gelassen, denn dort ist es sicher und kann nicht nass werden."

„Du hast dein Herz nicht bei dir?", wunderte sich das Krokodil.

„Nein, aber wenn du mich zurück ans Ufer bringst, hole ich es dir."

„Gut, dann schwimme ich jetzt ans Ufer."

„Wollen wir nicht erst zu den reifen Bananen schwimmen?"

„Nein", erwiderte das Krokodil, „erst will ich dein Herz."

„Von mir aus, dann schwimm zurück."

Das Krokodil schwamm zum Ufer in die Nähe des Baumes, auf dem der Affe wohnte. Kaum war das Krokodil nahe genug am Ufer, sprang der Affe an Land und kletterte den Baum hinauf.

„Wirf mir dein Herz herunter!", rief das Krokodil.

„Komm doch hoch und hole es dir selbst", lachte der Affe.

„Ich kann nicht klettern, bring es mir bitte", verlangte das Krokodil.

Der Affe überlegte: „Gut, ich kann dir helfen, auf den Baum zu kommen."

Er rief seine Freunde. Sie brachten eine starke Liane. Ein Ende banden sie um das Krokodil, das andere nahmen die Affen mit hoch auf den Baum. Dann begannen sie zu ziehen.

Das Krokodil hing in der Luft und pendelte hin und her. „Hilfe, lasst mich sofort runter, mir ist schwindelig!", schrie das Krokodil. Der Affe lachte: „Gleich hast du es geschafft. Du bist schon ganz dicht dran an meinem Herz."

Und die Affen zogen weiter.

„Lasst mich runter, ich will dein Herz nicht mehr", jammerte das Krokodil.

„Du willst mein Herz nicht mehr? Bist du sicher?"

„Neiiiiin", wimmerte das Krokodil. „Nie wieder will ich in die Nähe deines Baumes kommen! Ich verspreche es dir!"

„Nun, wenn du es versprichst, so lassen wir dich frei."

Das Krokodil klatschte ins Wasser und schwamm eilig zu seiner Frau.

„Du bist ja schon wieder zurück. Hast du Affenherzen für das Mittagessen mitgebracht?"

„Ach nein, Frau. Ich habe überhaupt keinen Appetit auf Affenherzen. Lass uns lieber Fische essen."

Das Krokodilweibchen war einverstanden. Es war nicht das erste Mal, dass ihr Mann nicht das Gewünschte mit nach Hause brachte.

Der Elefant und die Krabben

Vor langer Zeit lebte in einem See inmitten des Dschungels eine Schildkröte. Sie war mit vielen Tieren befreundet, doch ihre beste Freundin war die Krabbe.

Eines Sommers, als die Regenzeit auf sich warten ließ, trockneten die kleinen Seen, Bäche und Tümpel aus und die Tiere litten große Not.

In dem See, in dem die Schildkröte lebte, gab es jedoch noch genügend Wasser und viele Tiere kamen aus dem Dschungel, um zu trinken. Eines Tages tauchte ein Elefant mit lautem Trompeten auf und trampelte alles tot, was unter seine gewaltigen Füße geriet. Dem Elefanten gefiel der See und er kam mehrmals täglich wieder, um sich abzukühlen. Jedes Mal zerquetschte er Hunderte Frösche, kleine Fische und Garnelen.

Kaum noch ein Tier aus dem Dschungel traute sich ans Wasser, alle hatten Angst, zerstampft zu werden.

Eines Morgens trat der wilde Elefant fast auf die Schildkröte, die ihm im letzten Augenblick gerade noch ausweichen konnte.

„So geht das nicht weiter", dachte die Schildkröte und schwamm zu ihrer Freundin, der Krabbe, um sie um Rat zu fragen: „Jeden Tag zertritt der Elefant unsere Kinder, Verwandte und Freunde. Wir müssen ihn verjagen. Einer allein von uns wird es nicht schaffen, aber wenn wir klug sind und zusammenhalten, können wir ihn gemeinsam besiegen."

Viele kleine Tiere beteiligten sich:

Die Libellen umschwirrten den Kopf des Elefanten, die Fliegen surrten in seinen Augen und Ohren, die Krabben kniffen mit ihren scharfen Scheren in die Weichteile des Elefanten. Sie bissen, stachen, traten und schlugen den Elefanten, dass dieser nicht wusste, wie ihm geschah. Voller Entsetzen rannte er davon, so schnell er konnte, und ließ sich nie wieder an dem See sehen.

Der Elefant und der Specht

Auf einem hohen Bambus lebte einmal ein Spechtpärchen. Es hatte ein Nest gebaut und zog seine Jungen auf.

Eines Tages sah das Weibchen einen Elefanten herannahen, der Bambusblätter fraß.

Das Spechtweibchen hatte Angst um seine Jungen und flog herab zum Elefanten: „Du bist groß und stark. Ich bitte dich, geh weiter und verschone den Bambus, auf dem ich mein Nest gebaut habe. Meine Jungen sind noch sehr klein und ich muss sie beschützen."

Der Elefant sprach: „Ha, ich bin hier der Herrscher des Bambushains, ich bin groß und stark. Warum, kleiner Vogel, baust du gerade dort dein Nest, wo ich fressen will? Das ist mein Revier und nichts darf mir beim Fressen im Wege sein."

Er begann die Bambusblätter zu fressen, das Nest der Spechte fiel herunter und der Elefant zertrat es.

Das Spechtweibchen war sehr wütend und sprach zu seinem Mann: „Was können wir tun, um uns am Elefanten zu rächen? Auch wenn er größer und stärker ist als wir, dürfen wir es uns nicht gefallen lassen."

Der Specht merkte, dass seine Frau sich nicht beruhigen ließ und er handeln musste. So ging er zur Krähe, mit der die Spechte befreundet waren, um sie um Rat zu fragen. Die Krähe sagte, dass die Spechte nicht länger traurig sein sollten über den Verlust der Jungen, denn gegen den Tod seien sie machtlos. Jetzt müssten sie daran denken, wie sie den Elefanten bestrafen könnten. Die Krähe schlug vor, den Frosch zu fragen. So gingen der Specht und die Krähe zum Frosch, um ihn um Hilfe zu bitten. Sie erzählten ihm, was vorgefallen war.

Der Frosch sprach: „Die kleinen Schwachen können die großen Starken besiegen, wenn sie zusammenhalten. Wir müssen uns einen Trick überlegen und den Elefanten gemeinsam besiegen."

Der Specht, die Krähe und der Frosch diskutierten lange und beschlossen einen Plan, in den sie noch eine Fliege einweihten.

In der nächsten Nacht stach der Specht dem Elefanten, als er schlief, die Augen aus, die Fliege legte Eier hinein und die ausgeschlüpften Maden fraßen die Augen auf.

Der blinde Elefant war nicht mehr in der Lage, sich Futter zu suchen. Von Durst gequält irrte er durch den Dschungel. Da hörte er das Quaken des Frosches, der sich auf eine Felsklippe gesetzt hatte. Der Elefant dachte, in der Nähe sei ein See und wollte trinken. Er lief zur Klippe und fiel in den tiefen Abgrund.

So hatten die vier kleinen Tiere den großen Elefanten besiegt.

Das Schwein und der Hund

Vor langer Zeit lebte auf einem Dorfe ein Ehepaar, das eine kleine Farm besaß. Sie hatten einen Hund und ein Schwein und mochten beide Tiere sehr.

Eines Tages wollten der Bauer und seine Frau in die Stadt fahren, um Einkäufe zu machen. Sie wollten sich auch etwas amüsieren, da sie lange Zeit schwer gearbeitet hatten, ohne sich irgendein Vergnügen zu gönnen. Sie riefen das Schwein und den Hund zu sich:

„Wir gehen in die Stadt und kommen erst morgen Abend wieder. Seid bitte so nett und pflügt das Feld und schaut nach der Farm."

Der Hund und das Schwein versprachen, auf dem Feld zu arbeiten.

Am nächsten Morgen ging das Schwein sofort an die Arbeit. Es sprach nicht viel, sondern arbeitete fleißig. Mit seiner Schnauze pflügte es den Boden um.

Der Hund indes merkte, dass es ein heißer Tag werden würde, und hatte keine Lust zu arbeiten. Er legte sich in den Schatten und schlief.

Am frühen Abend kam das Schwein müde vom Feld zurück und legte sich schlafen. Der Hund befürchtete, dass der Bauer schimpfen würde, weil er nicht gearbeitet hatte. Er sann nach einem Trick. Er rannte auf das Reisfeld und verwischte die Fußspuren des Schweins. Stattdessen setzte er seine Fußspuren entlang der Furchen.

Als das Ehepaar spätabends nach Hause kam, begrüßte es der Hund und wedelte freudig mit dem Schwanz. Das Schwein hob erschöpft seinen Kopf.

„Habt ihr das Feld gepflügt?", fragte der Bauer.

Das Schwein antwortete: „Ja, ich habe das Feld gepflügt, ganz allein. Der Hund hat den ganzen Tag nur geschlafen."

Darauf erwiderte der Hund: „Das Schwein lügt. Es hat die ganze Zeit nur faul herumgelegen, während ich auf dem Feld gearbeitet habe. Kommt mit, schaut es euch an."

Das Ehepaar ging mit den beiden Tieren zum Feld. Das Schwein stutzte, als es überall die Fußstapfen des Hundes sah.

Der Hund lachte: „Nun seht ihr, wer gearbeitet und wer gefaulenzt hat."

Der Bauer und die Bäuerin beschlossen, von nun an nur noch dem Hund zu glauben. Er bekam gutes Essen und durfte im Haus schlafen. Das Schwein dagegen bekam nur noch Reisschalen zu fressen und musste im Schlamm unter dem Haus schlafen.

Der Hund wird Ratchasi*

Vor langer Zeit lebte einmal ein Jäger, der jeden Tag mit seinem Hund in den Dschungel jagen ging. Eines Tages befahl der Jäger seinem Hund, einen Hasen zu verfolgen. Der Hund rannte dem Hasen hinterher. Er rannte durch den ganzen Dschungel, über Reisfelder bis zum nächsten Dschungel. Doch der Hase entwischte und versteckte sich. Der Hund war außer Atem und konnte sich kaum noch bewegen. Nur langsam kroch er vorwärts, dann blieb er liegen. Da sah er einen Ratchasi am Fluss Wasser trinken. Der Ratchasi bemerkte den Hund und bekam Mitleid mit ihm. Er gab ihm Nahrung und erlaubte ihm, sich in seiner Höhle auszuruhen. Dem Hund gefiel es beim Ratchasi und er wollte bei ihm bleiben. Doch der Ratchasi konnte ihn nicht bei sich behalten, denn für den Herrscher der Tiere ist es eine Schande, einem Hund Asyl zu gewähren. Der Ratchasi war ein weiser König und meditierte täglich. Er befürchtete, dass die Tiere ihm den Respekt verweigern würden, wenn sich ein Hund bei ihm aufhielte. Er hatte jedoch Mitleid mit dem Hund und verwandelte ihn in einen Hirsch.

Der Hirsch wohnte nun beim Ratchasi in der Höhle.

Eines Tages ging der Hirsch in den Dschungel, um Futter zu suchen. Da begegnete ihm ein Tiger. Der Tiger rannte hinter dem Hirsch her und wollte ihn fressen. Der Hirsch hatte große Angst und rannte zurück

39

zur Höhle des Ratchasi. Der hatte wiederum Mitleid mit ihm und verwandelte ihn in einen stärkeren Tiger, sodass ihn der andere Tiger nicht fressen konnte.

Eines Tages, als der Tiger durch den Dschungel ging, um nach Nahrung zu suchen, begegnete ihm ein anderer Ratchasi, der ihn fressen wollte. Dies beobachtete der alte Ratchasi und verwandelte den Tiger in einen noch stärkeren Ratchasi, sodass er den Feind besiegen konnte.

Der neue Ratchasi spazierte durch den Dschungel. Er wollte heiraten und bat um die Einwilligung der Eltern eines Ratchasiweibchens. Die Eltern waren sehr streng. Sie wollten wissen, woher er komme, wer seine Eltern seien und welche Qualitäten er besäße, bevor sie einer Heirat mit ihrer Tochter zustimmten. Der Ratchasi bekam es mit der Angst zu tun. Er wusste, wenn es herauskäme, dass er von einem einfachen Hund abstammte, würde ihn niemand respektieren und er könnte die Ratchasifrau nicht heiraten. Was sollte er tun? Wenn nun die Eltern seiner Auserwählten den alten Ratchasi fragten und er ihnen sagte, woher er abstammte? Das musste er verhindern! Er musste den alten Ratchasi töten. Er schlich zu der Höhle. Sein Fell sträubte sich, sein Schwanz stand in die Höhe und der alte Ratchasi ahnte sofort, was der junge Ratchasi im Schilde führte. Er sprach: „Was bist du nur für ein erbärmlicher Hund. Ich habe Mitleid mit dir gehabt, ich habe dir geholfen, hab dir Gutes getan, dich in einen Hirsch verwandelt, damit du bei mir wohnen kannst, ich habe dich beschützt vor dem Tiger und dem fremden Ratchasi und du planst, mich zu töten, anstatt mir dankbar zu sein und mich zu respektieren? Du bist in deinem Wesen ein Hund geblieben und verdienst nichts anderes, als ein Hund zu sein!

Und der alte Ratchasi verwandelte den jungen Ratchasi wieder zurück in einen Hund.

Der Hund strich durch den Dschungel. Da kam ein stattlicher Wolf und biss ihn tot.

aus dem Pali: Rajasiha, Königslöwe

Der Hund und der Esel

In einer Hütte am Dorfrand lebte einmal ein Wäscher. Er besaß einen Hund, der das Haus bewachen sollte, und einen Esel.

Eines Nachts schlich ein Dieb ins Haus. Der Esel sah den Dieb und fragte den Hund: „Warum bellst du nicht? Es ist deine Pflicht zu wachen und deinen Herrn zu wecken."

Der Hund erwiderte: „Warum mischst du dich ein? Das geht dich nichts an. Ich bin schon seit vielen Jahren Wachhund und weiß, was ich zu tun habe und was nicht. Der Herr hat mich vernachlässigt in letzter Zeit.

Er hat oft vergessen, mir das Futter hinzustellen."

Daraufhin sprach der Esel: „Du hast einen schlechten Charakter, wenn du nur an Rache denkst. Es ist deine Pflicht, deinen Herrn zu warnen, wenn ein Dieb kommt."

Der Hund antwortete: „Wer hart arbeitet, der muss auch belohnt werden. Was ist das für ein Herr, der seinen Dienern den Lohn schuldig bleibt?"

Wiederum erwiderte der Esel: „Du vergisst deine Pflicht und das ist nicht in Ordnung. Wenn du nicht bellst, werde ich den Herrn aufwecken."

Und der Esel begann zu schreien: „I-A! I-A!"

Der Wäscher hörte den Lärm des Esels und ärgerte sich. Er stand auf, nahm einen Hammer und schlug damit auf den Esel ein.

Der Kater meditiert

Vor langer, langer Zeit lebte einmal in einer Hütte an einem großen Fluss ein Kater. Es war kein gewöhnlicher Kater, denn anstatt nach Mäusen zu jagen oder ein Stelldichein mit einer Katze zu haben, saß er den ganzen Tag über im Haus. Er hatte sich ein kaputtes Rattankörbchen auf den Kopf gesetzt und meditierte. Die Mäuse dachten, sie trauen ihren Augen nicht, als sie den Kater regungslos mitten in der Hütte sitzen sahen. Sie tanzten um ihn herum – der Kater ließ sich davon nicht beim Meditieren stören. Eine ganz besonders mutige Maus trat dicht an den Kater heran und fragte: „Onkel Kater, was ist mit dir los? Seit Tagen sitzt du hier herum, jagst keine Maus, verlässt dein Haus nicht, isst nichts – bist du krank?"

„Nein, liebe Maus", sagte der Kater, „ich meditiere. Früher war ich ein großer Bösewicht. Ich bin den ganzen Tag herumgeschlichen, habe Mäuse gejagt, habe mich in der Nacht mit Katzen amüsiert. Doch jetzt ist Schluss damit: Ich habe mein Leben geändert. Ich war in der Pagode und habe den Gebeten der Mönche gelauscht. Ich habe um Vergebung meiner Sünden gebeten. Von nun an meditiere ich jeden Tag. Ich werde nie wieder Fleisch anrühren und nur noch Obst essen. Ich bin viel älter als du, kleine Maus. Du solltest auf mich hören. Ich werde dich das Meditieren lehren. Komm von jetzt an jeden Tag zu mir. Bring deine Freunde mit, erzähle ihnen von der Befriedigung, die man durch Meditation erlangen kann. Bring so viele Freunde mit, wie du findest."

Die Maus war sehr angetan von den Worten des Katers. Wie edel er gesprochen hat! Sie rief alle ihre Freunde zusammen, doch es waren letztlich nur zehn, die ihr am nächsten Tag in die Hütte des Katers folgten. Den ganzen Tag über saßen sie da und schwiegen. Am Abend gingen sie nacheinander nach Hause, aber nur die drei ersten Mäuse, die nebeneinander gingen, kamen auch an. Wo aber waren die anderen sieben?

Die Mäusekolonie beschloss, eine Maus loszuschicken, um nachzusehen, wo die sieben geblieben waren. Als die Maus in die Hütte kam, fand sie keinen Kater vor, sondern haufenweise Exkremente, die mit Mausehaaren vermischt waren.

Der Hase und die Bael-Frucht*

Vor vielen Jahren lebte in einem Dschungel ein Hase, der gerne träumte. Er saß oft unter einem Baum und döste vor sich hin. Eines Tages, als er gerade am Einschlafen war, kam ein starker Wind auf und eine große Bael-Frucht sauste neben ihm auf den Boden. Der Hase wachte erschrocken auf, über und über mit Erde bedeckt. „Woher kam der Knall?", überlegte der Hase. „Was hat den Sand aufgewirbelt? Ein Erdbeben!" Der Hase geriet in Panik und rannte davon.

Unterwegs traf er auf eine Gruppe Hasen.

„Warum rennst du so, Freund? Wovor hast du

Angst?", fragten die Hasen.

„Die Erde bebt, ich hab es gesehen! Schnell, kommt mit mir, wenn ihr nicht umkommen wollt!"

Und die Hasen folgten ihm. Als sie weiter liefen, begegnete ihnen eine Horde Wildschweine. „Warum rennt ihr? Was ist geschehen?", fragte eins der Schweine.

„Die Erde bebt", rief ein Hase, „kommt schnell mit uns, wenn ihr nicht sterben wollt!"

Die Tiere rannten durch den Dschungel und trafen ein Rudel Hirsche. „Schnell, schnell, folgt uns, sonst müsst ihr sterben!", riefen die Schweine, als ein Hirsch nach dem Grund ihrer Eile fragte. Sie rannten und rannten. Büffel, Elefanten und Tiger schlossen sich den Tieren an. Der Dschungel dröhnte von ihrem Schreien, Blöken, Stampfen, Hoppeln und Trampeln.

Als der Ratchasi den Lärm hörte, stellte er sich den Tieren in den Weg: „Was ist geschehen? Warum rennt ihr? Haltet an, dort kommt gleich eine steile Klippe und ihr fallt alle in den reißenden Strom!"
Doch die Tiere stürmten weiter. Eins nach dem anderen fiel hinab in die Tiefe und ertrank.

*aegle marmelos

Der Ratchasi und der Hase

In einem großen Dschungel lebte einmal ein Ratchasi. Er war der König aller Tiere.

Der Ratchasi hatte seinen Untertanen befohlen, ihm jeden Tag ein Tier zum Mittagessen zu bringen. So hielten die Tiere täglich eine Versammlung ab, in der sie beschlossen, wer als Nächstes das Opfer des Ratchasi werden solle.

Eines Tages fiel die Wahl auf den Hasen. Der dachte: „Jeder von uns muss einmal sterben, dagegen sind wir machtlos. Also muss ich dem Tod ohne Angst ins Auge blicken."

Der Hase machte sich gemächlich auf den Weg zum Ratchasi. Der wartete schon ungeduldig: „Wo kommst du her? Ich habe riesigen Hunger. Wer hat denn so ein dürres Tier wie dich ausgesucht, du passt doch gerade mal in eine Zahnlücke von mir. Sag, warum kommst du so spät?"

„Nun, das ist nicht meine Schuld. Ich würde dich nicht warten lassen, sondern pflichtgemäß und pünktlich zu deiner Mahlzeit erscheinen. Ich bin jedoch aufgehalten worden von einem anderen Ratchasi. Der war viel größer und stattlicher als du. Er wollte wissen, wohin ich gehe. Ich sagte ihm, dass ich zu dir gehe, um von dir verspeist zu werden. Der andere Ratchasi behauptete daraufhin, dass er in diesem Wald zu bestimmen habe, wer von wem und wann gefressen wird, und dass ich zu dir gehen soll, um dir auszurichten, dass er dich zum Wettkampf herausfordere. Wer von euch beiden siegt, soll der König sein."

Der Ratchasi wurde wütend: „Was, ein anderer Ratchasi? Hier, in meinem Wald? Das kann ich auf keinen Fall dulden! Ich werde diese Bestie umbringen und zum Abendessen verspeisen. Los, Hase, zeig mir, wo dieser Halunke steckt."

Der Hase führte den Ratchasi durch den Wald zu einer Höhle in einem mächtigen Felsen.

„Hier lebt der andere Ratchasi. Ich traue mich nicht näher heran. Geh du vor."

Der Ratchasi schritt auf die Höhle zu. Davor war ein klarer, tiefer Bergsee. Der Ratchasi stand am Ufer und schaute ins Wasser. „Siehst du", sagte der Hase und zeigte auf das Spiegelbild, „dort unten sitzt er."

Der Ratchasi fletschte die Zähne. Der Ratchasi im Wasser auch.

Der Ratchasi hob eine Tatze. Der Ratchasi im Wasser auch.

Der Ratchasi brüllte aus Leibeskräften. Sein Echo auch.

„Ich zerreiße dich in tausend Stücke, du Schuft!", brüllte der Ratchasi und sprang kopfüber in den tiefen, felsigen Bergsee. Er stieß mit dem Kopf auf einen Felsen und tauchte nie wieder auf.

Der Hase ging zu den anderen Tieren zurück, um ihnen die frohe Botschaft zu überbringen.

Die drei Fische

In einem See lebten einmal drei Fische, die miteinander gut befreundet waren. Einmal, als es sehr heiß und trocken war, belauschte der erste Fisch ein Gespräch zwischen zwei Fischern: „Der See wird austrocknen. Wir sollten vorher die Fische fangen, sonst verenden sie im flachen Wasser", sagte der eine.

„Du hast recht, wir sollten morgen unsere Netze auswerfen und die Fische herausholen", erwiderte der andre.

Der erste Fisch schwamm sofort zu seinen Freunden und erzählte ihnen, was er gehört hatte:

„Liebe Freunde, morgen kommen die Fischer und

wollen uns fangen. Ich werde fliehen, so kann ich dem Tod entgehen."

Der zweite Fisch sagte: „Das ist doch noch gar nicht sicher, ob die Fischer wirklich wiederkommen. Ich warte erst einmal ab. Warum soll ich mir jetzt darüber den Kopf zerbrechen. Falls die Fischer wirklich kommen, werde ich mir etwas einfallen lassen."

Der dritte Fisch sprach: „Ich werde nicht weggehen. Dies ist der See, in dem ich geboren wurde und in dem ich auch sterben werde, wenn es sein muss. Man kann dem Tod nicht entgehen. Ich werde mein Schicksal annehmen."

Am nächsten Tag kamen die Fischer und warfen ihre Netze aus.

Der erste Fisch war schon in der Nacht davongeschwommen.

Der zweite Fisch stellte sich tot. Die Fischer warfen ihn ärgerlich zurück in den See.

Der dritte Fisch wurde gefangen, getötet und zu Fischsuppe verarbeitet.

Der Hase und der Wels

Der Hase und der Wels waren einst die besten Freunde. Oft setzte sich der Hase an das Ufer des Sees und sie erzählten sich ihre Erlebnisse.

Die Zeit verging, viele Fische landeten inzwischen in den Netzen der Fischer und viele Hasen wurden in den Fallen der Jäger gefangen.

In einer hellen Mondnacht trafen sich die beiden Freunde zu einem Erfahrungsaustausch.

Der Hase fragte den Fisch: „Jetzt ist Trockenzeit. Ich sehe jeden Tag viele Fischer mit riesigen Netzen voller Fische. Wie machst du es bloß, dass du ihnen entkommst?"

„Meine Eltern haben mir vor ihrem Tod ein Geheimnis verraten. Solange ich mich nach ihrem Rat richte, wird mich kein Fischer fangen. Ich habe ihnen versprochen, den Trick nicht weiterzuerzählen. Und wie machst du es, dass du nie in eine Falle der Jäger gerätst?"

„Auch ich habe von meinen Eltern vor ihrem Tod einen Trick erfahren und musste versprechen, ihn nicht weiter zu erzählen."

In der nächsten Trockenzeit trafen sich Fisch und Hase wieder. Beide waren stolz, dass sie den Fängen ihrer Verfolger bis jetzt entkommen waren.

„Wenn der Fischer seine Netze in der Mitte des Sees auswirft, schwimme ich an den Rand. Fischt er am Rand, schwimme ich in die Mitte. Das ist mein Trick", verriet der Fisch dem Hasen. „Und wie überlebst du?"

„Mein Trick ist ähnlich: Ich beobachte, wo der Jäger die Fallen aufstellt. Stellt er sie in der Mitte des Dschungels auf, grase ich am Rand, stellt er sie am Rand auf, gehe ich in die Mitte des Dschungels."

Während die beiden Tiere sich unterhielten, schlich ein Bauer um den See und hörte ihrem Gespräch unbemerkt zu. Hase und Fisch verabschiedeten sich froh und verabredeten sich für ein neues Treffen.

Am nächsten Tag rief der Bauer alle Bewohner des Dorfes zusammen und teilte sie in vier Gruppen ein. Zwei Gruppen sollten Fische fangen und zwei Gruppen Hasen.

Die Fischer legten ihre Netze gleichzeitig am Rand und in der Mitte des Sees aus, die Jäger stellten ihre Fallen am Rand und in der Mitte des Dschungels auf.

Nach kurzer Zeit fingen sie den Hasen und den Fisch und bereiteten aus ihnen ein Festmahl.

Der Vogel Khut* und die Schildkröte

In einem großen See lebte einmal eine Schildkröte. Eines Tages, als sie im flachen Wasser schwamm, stürzte ein Vogel Khut vom Himmel auf sie herab, ergriff sie und wollte sie fressen.

Die Schildkröte versteckte sich schnell in ihrem

55

Panzer und sprach: „Du bist so ein großer, starker Vogel. Du willst mich fressen, weil ich klein und schwach bin. Das ist doch unfair. Schämst du dich nicht? Wenn du wirklich stark wärest, dann würdest du größere Tiere angreifen."

„Das ist der Lauf der Dinge. Jedes Lebewesen muss sich ernähren. Der Große frisst den Kleinen."

„Gut, wenn du mich fressen willst, so soll es geschehen. Aber vorher will ich mit dir die Kräfte messen", entgegnete die Schildkröte.

„Du willst mit mir die Kräfte messen? Dass ich nicht lache! Wie willst du das machen?", amüsierte sich der Vogel Khut.

„Lass uns ein Wettrennen veranstalten: Wer zuerst am gegenüberliegenden Ufer des Sees ankommt, der hat gewonnen. Du fliegst und ich schwimme."

„Ha, das ist ja lustig! Wie willst du mit deinen kurzen Beinen schneller sein als ich? Ich bin schon hundertmal über diesen See geflogen. Blitzschnell geht das. Wie willst du da mithalten?"

„Das werden wir sehen", erwiderte die Schildkröte. „In einer Stunde treffen wir uns unten am Seeufer."

Der Vogel Khut war einverstanden und ließ die Schildkröte frei.

Die Schildkröte rief alle ihre Verwandten zusammen und erzählte ihnen von ihrem Gespräch mit dem Vogel Khut und erklärte, wie sie sich den Verlauf des Wettkampfes vorstellte: Die Schildkröten sollten hinausschwimmen und unter Wasser eine lange Kette bilden, die bis zum anderen Ufer reiche. Wenn der Vogel frage, wo die Schildkröte sei, sollte die jeweils vor ihm schwimmende antworten: „Hier bin ich."

Vor Beginn des Wettkampfs sagte die Schildkröte zum Vogel Khut: „Du fliegst in der Luft, ich schwimme unter Wasser. Wir können uns beide nicht sehen und wissen nicht, wie schnell der andre ist. Ich schlage deshalb vor, dass du von Zeit zu Zeit fragst, wo ich bin, und ich werde antworten."

Der Wettkampf begann. Der Vogel flog über den See, so schnell er konnte. Als er in der Mitte ankam, rief er die Schildkröte. „Hier bin ich", hörte er eine Stimme zwei Meter vor ihm. Wie konnte das sein? Der Vogel Khut flog schneller. Diesmal hörte er die Antwort der Schildkröte zehn Meter vor ihm. Der Vogel Khut war schon ganz außer Atem, doch flog er noch schneller, doch die Schildkröte entfernte sich immer weiter von ihm. Als er am Ufer landete, erwartete sie ihn schon.

Der Vogel Khut flog mit letzter Kraft und hungrigem Magen davon.

Garuda; Fabelwesen aus dem Himaphan-Wald; halb Vogel und halb Mensch

Die geschwätzige Schildkröte

Vor langer Zeit lebten einmal eine Wasserschildkröte und zwei Schwäne in einem See. Die Tiere waren gute Freunde und verbrachten viel Zeit miteinander.

Einmal traf der Monsunregen nicht rechtzeitig ein und Reisfelder, kleine Seen, Flüsse und Teiche trockneten aus. Auch der See, in dem die Schildkröte und die Schwäne lebten, führte von Tag zu Tag weniger Wasser. Alle Tiere, die sich fortbewegen konnten, verließen den See. Eines Tages wollten auch die beiden Schwäne aufbrechen. Sie gingen zu ihrer Freundin, der Schildkröte, und verabschiedeten sich von ihr.

„Liebe Freundin, der See droht auszutrocknen, wir müssen davonfliegen. Wir haben in der Nähe einen größeren See gefunden, der noch genügend Wasser hat."

„Ach, wie gern würde ich mitkommen", sagte die Schildkröte, „aber ich kann leider nicht fliegen."

„Da gäbe es eine Möglichkeit", meinte einer der Schwäne, „wir könnten dich zum neuen See bringen."

„Wie soll das gehen? Ich kann nicht fliegen."

„Wir nehmen einen Bambusstock. Du beißt in der Mitte hinein, wir beide nehmen jeweils ein Ende in den Schnabel und fliegen mit dir zum neuen See."

„O ja, das ist eine gute Idee! Von mir aus können wir sofort losfliegen."

„Liebe Freundin, wir nehmen dich gern mit, aber denke daran: Du darfst nicht dein Maul öffnen, sonst fällst du herunter. Unterwegs wird man auf uns schauen und über uns sprechen. Du darfst auf keinen Fall antworten, wenn uns jemand anspricht."

„Das verspreche ich, ich werde schweigen. Ganz bestimmt. Lasst uns fliegen."

Die Schwäne brachten einen Bambusstab und flogen mit der Schildkröte hoch hinaus.

Sie flogen über den ausgetrockneten See, über Reisfelder, Büsche und Dschungel.

Als sie über den Marktplatz einer großen Stadt flogen, hörten sie die Menschen diskutieren:

„Schaut, da oben fliegen zwei Schwäne, die eine Schildkröte tragen."

„Nein, es sieht so aus, als ob die Schildkröte die

Schwäne trägt."

„Nein, die Schwäne tragen die Schildkröte."

„Nein, die Schildkröte trägt die Schwäne!"

„Natürlich trage ich die Schwäne", freute sich die Schildkröte. Sie wollte es den Leuten zurufen, öffnete ihr Maul, fiel herab und zerschellte mitten auf dem Marktplatz. Ihr Blut verspritzte über den ganzen Platz und gelangte in die Achselhöhlen der Menschen, die mit ihren Fingern auf die drei Tiere gezeigt hatten.

Das Blut und die Exkremente der Schildkröte stanken so widerlich, dass seit dieser Zeit alle Menschen unangenehm unter den Armen riechen, wenn sie sich nicht gründlich waschen.

Der Schweiß in den Achselhöhlen wird seit diesem Tag in Laos *khi tao* genannt – Exkremente der Schildkröte.

Der Reiher und die Krabbe

In einem Dschungel unweit einer großen Stadt befand sich einst ein großer See mit vielen Fischen.

Eines Tages flog ein Reiher über den See. Er flog herab und versuchte, die Fische zu fressen. Doch die Fische sahen den Reiher, warnten einander und versteckten sich. Der Reiher konnte keinen einzigen Fisch fangen und flog hungrig davon.

Am nächsten Tag kam er wieder und stellte sich auf ein Bein ins flache Wasser und krächzte. Die kleinen Fische schwammen vorsichtig um sein Bein herum, aber der Reiher beachtete sie nicht. Viele Stunden stand er so da. Da kam ein großer Fisch heran und fragte: „Was ist mit dir los, warum schreist du so?"

„Ach", sagte der Reiher, „ich wollte euch mitteilen, was ich gehört habe, als ich gestern im Palastgarten war. Im Palast soll ein großes Fest gefeiert werden, da will man Fisch essen. Morgen sollen die Fischer zu eurem See kommen und alle Fische fangen. Das tut mir so leid. Ihr werdet alle sterben müssen. Ich bin ein weiser Reiher, ich habe bei den Mönchen den Dhamma* studiert. Seitdem esse ich keinen Fisch und auch kein anderes lebendes Tier mehr. Ich meditiere jeden Tag. Liebe Fische, ihr tut mir so leid, deshalb sah ich mich verpflichtet, euch zu warnen."

Immer mehr Fische kamen herbei und lauschten den Worten des bekehrten Reihers.

Der große Fisch fragte: „Wenn das stimmt, was du sagst, kannst du uns vielleicht helfen, damit wir morgen nicht sterben müssen?"

„Ich kenne einen großen See hier ganz in der Nähe. Dort wäret ihr sicher."

„Aber wie sollen wir zu diesem See kommen. Wir können nicht fliegen."

„Ich kann euch hinbringen, wenn ihr mir vertraut. Ich kann euch einzeln zum See tragen."

Die Fische waren einverstanden. Der Reiher flog mit dem ersten Fisch zum anderen See und ließ ihn ins Wasser. Der Fisch drehte ein paar Runden und schwamm wieder zurück zu dem Reiher. Der nahm ihn wieder in seinen Schnabel und flog zurück zum alten See.

„Wie ist der neue See?", fragten die Fische.

„Der See ist wunderbar. Das Wasser ist klar, es gibt viel Nahrung für uns. Ich möchte gern dort leben."

Die Fische fassten Zutrauen zu dem Reiher. Der trug einen nach dem anderen davon und fraß ihn auf.

Das beobachtete die Krabbe: „Was macht denn dieser Reiher? Er trägt die Fische davon. Die Fische sind meine Freunde. Ich muss nach dem Rechten sehen."

Die Krabbe ging zum Reiher und fragte: „Wohin bringst du die Fische?"

„Ich bringe sie zu einem anderen See ganz in der

Nähe."

„Kannst du mich auch dorthin bringen?", fragte die Krabbe.

Der Reiher hatte die Fische schon langsam satt. „Warum nicht einmal eine Krabbe probieren?", dachte er. Er wollte die Krabbe in den Schnabel nehmen, da sagte diese: „Oh nein, mein Körper ist heute sehr empfindlich, denn ich habe mich gerade gehäutet. Wenn du zu fest zubeißt, tust du mir weh. Wenn du aber nicht fest genug zubeißt, falle ich herunter. Ich habe eine andere Idee. Ich klettere auf deinen Rücken und halte mich mit meinen Scheren an deinem Hals fest."

Der Reiher war einverstanden und sie flogen los. Als sie an dem neuen See ankamen, sah die Krabbe die vielen Fischgräten. Sie fasste den Hals des Reihers fester, sodass er vor Schmerz aufschrie. „Und jetzt bring mich zurück zum alten See", verlangte die Krabbe.

Als sie dort ankamen, biss die Krabbe dem Reiher die Kehle durch.

*die Lehre des Buddha

Der dumme Reiher

In einem See inmitten des Dschungels lebte einmal ein Reiher. Lange Zeit ernährte er sich von Fischen und Schnecken, doch in einem heißen Sommer drohte der See auszutrocknen. Die Vögel und Kriechtiere, die am See lebten, versammelten sich um den Reiher, den sie sehr achteten, und fragten ihn, ob sie nicht lieber an einen anderen See ziehen sollten. Der Reiher war nicht einverstanden: „Hier bin ich geboren, hier habe ich jahrelang gelebt und hier möchte ich bleiben. Ihr könnt gehen, aber ich werde nicht mit euch gehen."

Und so zogen alle Tiere davon, nur der Reiher blieb. Die Sonne brannte unbarmherzig und das Wasser im See wurde immer weniger. Der Reiher blieb standhaft, doch er wurde zusehends magerer. Eines Tages war der See ganz ausgetrocknet und der Reiher starb.

Nachdem es wieder längere Zeit geregnet hatte, kamen die anderen Tiere zurück und fanden den toten Reiher.

Der Reiher und die Schlange

Auf einem Baum in der Nähe eines Flusses lebte einmal ein Reiher, der gerade Junge aufzog. Unten im Baum wohnte eine Schlange. Sobald der Reiher sein Nest verließ, um Nahrung zu suchen, holte sich die Schlange die jungen Vögel.

Viele junge Reiher hatte die Schlange schon gefressen. Die Reiher waren sehr traurig darüber und überlegten, wie sie die Schlange loswerden könnten. Wer könnte die Schlange töten? Ihnen fiel nur der Mungo ein.

Die Reiher holten aus dem Fluss Fische und legten sie in eine Reihe vom Bau der Schlange bis zum Bau des Mungos.

Der Mungo steckte seinen Kopf aus dem Bau, sah den Fisch und verspeiste ihn. Er fraß auch den nächsten Fisch und alle weiteren. Auch die Schlange fraß den Fisch vor ihrem Bau, den Nächsten und den übernächsten. Plötzlich standen sich Schlange und Mungo in der Mitte des Weges gegenüber. Sie kämpften miteinander und der Mungo biss der Schlange ins Genick und tötete sie.

Die Reiher waren froh, dass sie die Schlange durch ihren Trick besiegt hatten, und brauchten keine Angst mehr um ihre Jungen zu haben.

Die Fliegen im Honig

In einem Dorf lebte einmal ein Imker. Eines Tages ging er in die Stadt, um seinen Honig zu verkaufen. Er war noch nie zuvor dort gewesen.

Die Stadt war groß und reich, in der Mitte erhob sich der prunkvolle Palast des Königs.

Als der Imker dort vorbeikam, blieb er erstaunt stehen. Er sah Elefanten, Pferde und Musikanten. Es wurde ein großes Fest gefeiert. Noch nie hatte er einen solchen Trubel erlebt! Und es ging sehr laut zu. Der Imker war so überwältigt von dem Dargebotenen, dass er seinen Krug mit dem Honig fallen ließ.

Der Krug zerbrach und der Honig lief aus in den Sand. Der Imker bekam Angst und rannte davon.

Sofort setzten sich viele Fliegen auf den Honig.

Eine Spinne kam herbei und fraß die Fliegen.

Ein Gecko erschien und fraß die Spinne.

Eine Katze schlich heran und fraß den Gecko.

Ein Hund kam und biss die Katze tot.

Der Besitzer der Katze nahm einen Hammer und schlug den Hund tot.

Der Besitzer des Hundes eilte herbei und schlug den Besitzer der Katze.

Hunde- und Katzenbesitzer prügelten sich.

Anwohner und Kaufleute kamen hinzu, um die

Streithähne auseinander zu bringen.

Mehrere Berater des Königs kamen aus dem Palast gelaufen, doch auch sie konnten die Prügelnden nicht stoppen. Sie gerieten in das Gemenge und schlugen um sich, um sich zu wehren.

Es gab Tote und Verletzte.

Verwandte und Bekannte der Verletzten und Toten kamen herbei.

Der König selber erschien. Er war ratlos. Keiner konnte ihm sagen, worum es ging und wer den Streit begonnen hatte. Er hatte große Angst, denn die Menge wurde immer lauter und gewalttätiger. Die Leute schlugen und hieben mit Hämmern, Äxten und Messern aufeinander ein.

Der König glaubte, Aufständische wollten seinen Palast überfallen und rief die Armee zu Hilfe.

Die Bewohner der Stadt kämpften gegen die Armee.

Sie kämpften so lange gegeneinander, bis auch das letzte Haus zerstört war.

Die Eule und die Apfelsine

Ein Schamane ging eines Tages in den Dschungel, um Kräuter zu sammeln.

Als er unter einem Orangenbaum vorbei kam, fiel eine Frucht auf seinen Kopf.

Der Schamane ärgerte sich und fragte die Apfelsine: „Warum bist du auf meinen Kopf gefallen?"

„Oh, das ist nicht meine Schuld", versicherte die Apfelsine. Ein Eichhörnchen hat meinen Stiel durchgebissen, deshalb fiel ich herunter."

Der Schamane fragte das Eichhörnchen: „Warum hast du den Stiel der Orange durchgebissen, sodass sie auf meinen Kopf fiel?"

„Das war nicht meine Schuld! Die Schlange hat mich gewürgt, da bekam ich keine Luft mehr und biss in den Stiel, weil der am nächsten dran war."

Der Schamane stellte die Schlange zur Rede: „Warum hast du das Eichhörnchen gewürgt? Es bekam keine Luft mehr, biss in den Stiel der Orange und die Orange fiel mir auf den Kopf."

„Nicht meine Schuld", behauptete die Schlange. Die Ameise hat mich ins Auge gebissen, sodass es anschwoll und schmerzte. Da habe ich gebissen, wohin ich traf."

Er ging zur Ameise: „Ameise, warum hast du die Schlange gebissen? Sie hat vor Schmerz das Eichhörnchen gewürgt, das hat in den Stiel der Orange gebissen und die Orange fiel auf meinen Kopf."

Die Ameise antwortete: „Der wilde Pfau hat mein Nest zertreten, so biss ich alles, was in meiner Nähe war."

Auch der Pfau fühlte sich nicht verantwortlich: „Ein Sesamkorn flog in mein Auge, deshalb konnte ich nichts sehen und habe aus Versehen den Ameisenhaufen zertreten", verteidigte er sich.

Das Sesamkorn meinte, es fiel herab, weil ein Kürbis herunterfiel und es mitriss. Der Kürbis fühlte sich nicht schuldig, weil ein Hirsch seine Ranken zerrissen habe.

Der Hirsch antwortete: „Ich lag im Gras und ruhte mich aus, da hörte ich plötzlich die Eule schreien:

70

„*Hoksac hocteng, hoksac hokteng!* – Nimm die Lanze, töte ihn!" Da bekam ich Angst und lief so schnell ich konnte davon. Dabei zerriss ich die Kürbisranke, der Kürbis fiel auf den Sesam, ein Sesamkorn fiel ins Auge des Pfaus, der Pfau zertrat den Ameisenhaufen, die Ameise biss die Schlange, die Schlange würgte das Eichhörnchen, das Eichhörnchen biss in den Stiel der Apfelsine und die Apfelsine fiel dir auf den Kopf."

So gingen alle zusammen zur Eule, um sie zur Rechenschaft zu ziehen.

„Das ist nicht meine Schuld!", rief die Eule, aber mehr konnte sie zu ihrer Entschuldigung nicht hervorbringen. Schließlich gab sie zu, dass sie dem Hirsch aus Spaß Angst eingejagt hatte.

Und deshalb wurde sie für schuldig befunden und bestraft. Man presste ihr den Kopf zusammen und bestrich ihre Augen mit Gelbwurz.

Und so ist es heute noch: Eulen haben einen flachen Kopf und gelbe Augen. Sie haben keine Freunde, und da sie mit ihren gelben Augen bei Tage nicht sehen können, müssen sie in der Dunkelheit auf Futtersuche gehen.

Der Vogelfänger und die Kobra

In der Nähe eines großen Flusses stand einmal ein großer Baum, auf dem ein Papageienpärchen sein Nest hatte. Neben dem Baum war ein Termitenhügel, in dem eine Speikobra lebte. Die beiden Papageien waren schon seit langer Zeit mit der Kobra befreundet.

Eines Abends kam ein Vogelfänger vorbei. Er hörte das Piepen der Papageienjungen im Nest. Da es jedoch schon zu dunkel war, beschloss er, am nächsten Tag wiederzukommen und sich dann die Papageienjungen zu holen.

Dem Papageienpärchen war sofort klar, dass der

Vogelfänger ihre Jungen bemerkt hatte und am nächsten Tag wiederkommen würde. Sie hatten Angst um ihre Küken. Das Papageienmännchen flog zum Termitenhügel: „Kobra, liebe Freundin, bitte hilf uns.

Morgen wird der Vogelfänger unsere Jungen wegholen. Komm heraus aus deinem Loch und beiß ihn tot."

„Ich kann nicht herauskommen, lieber Papagei. Der Vogelfänger ist sehr vorsichtig. Er schaut sich sehr genau um, und wenn er mich sieht, wird er mich töten, bevor ich ihn beißen kann. Lasst euch etwas einfallen, damit der Vogelfänger seine Hand in mein Loch steckt. Dann werde ich ihn beißen."

„Ja, du hast recht", sagte der Papagei, „wir müssen den Mann überlisten. Das ist die einzige Chance, unsere Jungen zu retten."

Am nächsten Morgen kam der Vogelfänger zurück. Er hatte schon viele kleine Papageien gefangen. Er stieg auf den Baum und griff nach den Jungen. Da sprach das Papageienweibchen: „Nimm nicht unsere Jungen. Sie sind noch viel zu klein. Sie haben noch kein Fleisch auf den Knochen, sie werden dir nicht schmecken."

„Ich will die Jungen doch gar nicht essen", entgegnete der Vogelfänger. „Ich werde die Jungen auf dem Markt verkaufen, ich brauche Geld."

„Geld brauchst du? Da können wir dir helfen", sagte das Papageienmännchen. Dafür musst du uns aber versprechen, unsere Jungen nicht anzurühren."

Der Mann war ganz versessen auf das Geld und wollte es sofort haben. „Wo wollt ihr denn Geld herhaben?", fragte er.

„Wir leben schon sehr lange hier und haben beobachtet, dass ein Dieb sein gestohlenes Geld immer in einem Loch versteckt. Viele Male ist er schon gekommen und hat säckeweise Gold versteckt. Er scheint aber inzwischen gestorben zu sein, denn wir haben ihn schon lange nicht mehr gesehen. Wir zeigen es dir, wenn du auf unsere Jungen verzichtest."

„Macht schnell, ich hab es eilig. Wo ist das Loch mit dem Gold?"

Die Papageien zeigten auf das Loch im Termitenhügel. Der Mann ging darauf zu, steckte seine Hand hinein und die Kobra biss zu.

Kampha und der Dschungelhahn

Vor langer Zeit lebte in einem Dorf am Rand des Dschungels ein Junge namens Kampha*. Der Junge war auf sich allein gestellt und musste sich selbst ernähren. Von seiner Mutter erbte er einen *Kai To***. Wenn Kampha mit ihm in den Dschungel ging, krähte der Hahn, und viele Hühner kamen herbeigeflogen, die der Junge dann schoss und verkaufte. Der Hahn war sein liebster Gefährte.

Als Kampha zu einem jungen Mann herangereift war, heiratete er eine Frau aus dem Dorf. Es war eine sehr kluge und tüchtige Frau. Sie hatten zusammen vier Kinder und lebten miteinander glücklich und zufrieden.

Kampha verbrachte den größten Teil seiner Zeit weiterhin mit seinem geliebten Hahn im Dschungel und brachte jeden Abend zwanzig Hühner mit nach Hause.

Eines Tages sagte seine Frau zu ihm: „Es wird Zeit, dass wir unser Reisfeld bestellen. Du musst dich um den Büffel und die Kuh kümmern. Du kannst nicht mehr so oft in den Dschungel gehen."

Am nächsten Tag zog Kampha mit dem Büffel auf das Reisfeld und bereitete die Aussaat vor. Von Weitem hörte er das Krähen seines Hahnes, den er in einem Käfig unter dem Haus eingesperrt hatte. Sehnsüchtig wartete er auf den Abend, damit er seinen Hahn wiedersehen konnte.

Währenddessen kam der König auf einem Spaziergang an seinem Haus vorbei und traf seine Frau an. Der König erkundigte sich nach Kampha. Er habe gehört, dass er die besten und schmackhaftesten Hühner der Gegend fange und verkaufe. Der König wollte unbedingt davon kosten. Die Frau sagte, dass ihr Mann auf dem Reisfeld sei und deshalb nicht jagen gehen könne. Da sah der König den Hahn im Käfig und fragte, ob die Frau den Hahn für ihn kochen könne. Die Frau nahm den Hahn aus dem Käfig und bereitete ihn für den König zu. Der König war sehr zufrieden und lobte das schmackhafte Fleisch.

Als der Mann am Abend nach Hause kam, ging er zuerst zu dem Käfig. Verwundert fragte er seine Frau, wo der Hahn sei. Sie gestand ihm, dass sie den Hahn für den König geschlachtet und gekocht habe.

Der Mann verlor seine Fassung: „Dieser verdammte König! Hat er denn noch nicht genug? Hat er nicht im Palast alles, was sein Herz begehrt? Muss dieser gemeine Hund auch noch meinen einzigen geliebten Hahn auffressen?" Er schrie vor Wut und beschimpfte seine Frau mit den unflätigsten Worten. Sein gesamter Ärger der letzten Jahre brach aus ihm heraus. „Du allein bist schuld an meinem Unglück", brüllte Kampha, nahm ein Holzscheit und erhob es gegen seine Frau.

Die Frau rannte vor Angst aus dem Haus und geradewegs dem König in die Arme, der gerade von seinem Spaziergang zurückkam.

„Warum weinst du?", fragte der König.

„Mein Mann will mich schlagen", antwortete die Frau.

„Warum?", wollte der König wissen.

Die Frau überlegte kurz und antwortete: „Mein Mann sagt, dass ich eine schlechte Frau sei, weil ich Euch nur ein einziges Huhn serviert habe. Er sagte, dass ein König davon niemals satt würde. Ich hätte auch noch unseren Büffel und die Kuh für Euch schlachten sollen. Er ist sehr böse mit mir."

Der König war sehr erfreut: „Du hast einen sehr guten Mann", sprach er. „Er achtet und respektiert mich, den König. Dafür werde ich ihn belohnen. Ich suche gerade einen neuen Kanzler. Schick deinen Mann zu mir."

Am nächsten Tag verkündete der König Kamphas Beförderung vor dem Volk.

Seit diesem Tag nennt man Kampha *„poa phen phia nyon mia pha hu"**** , den Mann, der seinen Posten durch die Klugheit seiner Frau errungen hat.

*Halbwaise. Die Bezeichnung wird als Namen gebraucht.

**besonderer im Dschungel lebender Hahn, dessen Krähen die Dschungelhühner anlockt und deshalb zum Jagen benutzt wird. So einen Hahn zu besitzen, gilt als großes Glück. Dieser Hahn ist auch ein hervorragender Kampfhahn.

***wörtlich übersetzt: Kanzler, weil [seine] Ehefrau [ihn] zum Wissen geleitet hat

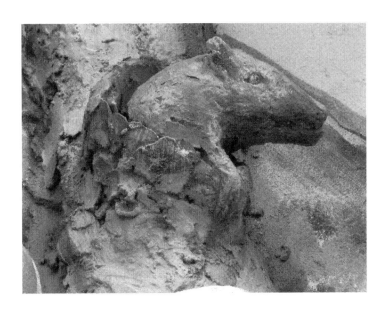

Der Jäger und der Mungo

In einem Haus am Rand des Dschungels lebte einmal ein Jäger mit seiner Frau und seinem kleinen Sohn. Eines Tages wollte der Jäger in den Dschungel gehen, um Holz für Räucherstäbchen zu holen. Da sah er einen Mungo, der von einem Hund verfolgt wurde. Der Mungo war sehr verängstigt und lief in das Haus des Jägers.

Der Jäger hatte Mitleid mit dem Mungo, fütterte ihn und ließ ihn bei sich wohnen. Das Kind freundete sich mit dem Mungo an und spielte mit ihm.

Eines Tages ging der Jäger auf Jagd und seine Frau

79

an den Fluss Wäsche waschen. Sie ließen ihr Kind und den Mungo allein im Haus zurück.

Plötzlich kroch eine Kobra an das Kind heran und wollte es beißen. Der Mungo erkannte die Gefahr sofort und biss die Kobra tot. Er war völlig mit Blut bespritzt. In dem Augenblick hörte der Mungo den Jäger ins Haus kommen, wollte ihn begrüßen und sprang vor Freude an ihm hoch. Der Jäger bekam einen riesigen Schreck, als er den blutverschmierten Mungo sah. „Er wird meinen Sohn gebissen haben", dachte er und schlug den Mungo tot. Dann ging er ins Schlafzimmer. Dort lag sein Sohn und schlief friedlich. Neben ihm lag die tote blutende Kobra.

Der Jäger war untröstlich: „Was habe ich bloß getan! Der Mungo hat das Leben meines Sohnes gerettet und ich habe ihn totgeschlagen. Warum habe ich nicht vorher überlegt, was ich tue? Jetzt habe ich eine große Schuld auf mich geladen."

Der Jäger sprach zu seiner Frau: „Ich habe unrecht getan und muss um Vergebung meiner Schuld bitten. Ich werde zum Luesi* gehen, um den Dhamma zu studieren."

„Du kannst mich doch nicht mit dem Kleinkind allein lassen, lieber Mann. Ich habe Angst, dass uns etwas zustößt", antwortete die Frau. „Lass uns mit dir gehen."

„Nein, ich muss diesen schweren Weg allein antreten. Ich gebe dir hier ein Amulett, das dich beschützen

soll. Wenn es dir sehr schlecht geht, kannst du es verkaufen."

Der Jäger verließ das Haus.

Sein Sohn wuchs heran und wurde ein stattlicher
junger Mann. Er half seiner Mutter beim Verkauf der
Waren am Straßenrand.

Nach sechzehn Jahren kam der Vater zurück. Von
Weitem sah er seine Frau am Haus mit einem fremden
Mann zusammenstehen. Der Vater wurde ärgerlich:
„Hat sich meine Frau einen neuen Liebhaber gesucht,
während ich den Dhamma studierte? Dafür soll sie
büßen." Er wartete, bis es dunkel wurde, und schlich
sich ins Haus. Er nahm ein langes Messer und wollte
den fremden schlafenden Mann erstechen. Als er nahe
an ihn herankam, sah er das Amulett, das er einst seiner Frau gegeben hatte, als er weggegangen war. Nun
war ihm klar, dass der fremde Mann sein eigener Sohn
war.

Der König und der Affe

Ein König hatte einen gelehrigen Affen. Er war stolz auf das Tier und lehrte ihn, Wache zu halten und mit Waffen umzugehen.

Eines Tages ging der König mit seiner Frau und dem Affen spazieren. Die Frau pflückte am Wegesrand viele Blüten. Nachdem sie eine Weile gegangen waren, setzten sie sich unter einen Baum, um auszuruhen. Die Frau flocht aus den Blüten Girlanden, die sie sich und ihrem Mann um den Hals legte. Beide schliefen ein und der Affe bewachte sie.

Plötzlich sah der Affe Hornissen auf die Blüten zu-fliegen, die der König und seine Frau um den Hals trugen.

Der Affe erkannte die Gefahr, nahm sein langes Messer und schlug auf die Hornissen ein. So tötete er den König und seine Frau.

Der Jäger und der Goldschmied

Eines Tages wollte ein Jäger in den Nachbarort gehen. Sein Weg war weit und beschwerlich und führte durch einen gefährlichen Dschungel.

Mitten im Wald fand er unverhofft einen großen Brunnen. Da er sehr durstig war, schnitt er eine Liane ab, höhlte eine Namtao-Frucht aus, befestigte die Liane daran und ließ das Gefäß zum Wasserschöpfen hinab in den Brunnen. Als er den Strick wieder hoch zog, hielt sich ein Affe daran fest. Der Affe sprach zum Jäger: „Vielen Dank, lieber Jäger, dass du mir das Leben gerettet hast. Im Brunnen sind noch ein Tiger, eine Schlange und ein Goldschmied gefangen. Zieh den Tiger und die Schlange herauf. Ich rate dir, den Goldschmied unten zu lassen, denn er ist ein böser Mann. Da du mich gerettet hast, werde ich dir immer dankbar sein. Wenn du an meinem Haus vorbeikommst, komm bitte herein. Ich lade dich ein zu mir. Sei mein Gast, ich werde dich bewirten."

Der Jäger ließ sein Gefäß erneut hinab in den Brunnen. Diesmal kam ein Tiger zum Vorschein. Der Tiger bedankte sich herzlich und lud den Jäger zu sich in seine Höhle ein, damit er sich bei ihm bedanken könne. Auch der Tiger warnte den Jäger davor, den Goldschmied heraufzuziehen.

Beim dritten Mal zog der Jäger die Schlange herauf. Sie bedankte sich, lud ihn zu sich nach Hause ein und warnte ihn vor dem Goldschmied.

„Wenn ich die Tiere befreit habe, warum sollte ich meine Hilfe einem Menschen verweigern?", dachte der Jäger. „Ich bin ein Mensch, ich kann nicht auf die Tiere hören", und er ließ die Liane mit dem Wassergefäß zum vierten Mal in den Brunnen hinab. Diesmal war der Goldschmied an der Reihe. Der Jäger zog ihn aus dem Brunnen. Der Goldschmied bedankte sich und lud den Jäger ein, sein Gast zu sein, falls er einmal in seine Gegend käme.

Der Jäger schöpfte Wasser, trank und badete. Dann ging er weiter zum Nachbarort. Auf seinem Weg kam er bei dem Affen vorbei, dem er das Leben gerettet hatte. Der Affe bewirtete den Jäger und gab ihm die köstlichsten Früchte. Dann besuchte der Jäger den Tiger. Der Tiger gab dem Jäger wertvollen Goldschmuck, den er einst vom Sohn des Königs, den er getötet und gefressen hatte, geraubt hatte.

Als Nächstes stattete der Jäger dem Goldschmied einen Besuch ab. Er zeigte ihm den Goldschmuck, den er vom Tiger geschenkt bekam, und bat ihn, die vielen Teile zu einem Goldklumpen zusammenzuschmelzen.

Der Goldschmied erinnerte sich sofort daran, dass dieser Schmuck von dem Prinzen stammte, den einst ein Tiger überfallen und getötet hatte. Er war neidisch auf das Gold und überlegte: „Der Jäger hat zuerst den

84

Affen, den Tiger und die Schlange aus dem Brunnen gezogen. Mich hat er warten lassen, das heißt, er achtet die Tiere höher als mich. Mein Leben ist ihm weniger wert. Das ist entwürdigend. Dafür muss ich ihn bestrafen."

Er sagte zum Jäger, dass er einem Moment warten solle, da er aus der Stadt ein Werkzeug holen müsse.

Er ging jedoch geradewegs zum Palast des Königs und meldete: „Lieber König, die Geschichte vom Tod Eures Sohnes ist nicht wahr. Es war kein Tiger, der Euren Sohn überfallen und getötet hat, sondern ein Mensch. Es war ein Dieb, der sich als Tiger verkleidet hatte. Dieser Dieb ist jetzt in meinem Haus. Er bat mich, das Gold einzuschmelzen. Ich habe ihn überlistet und gesagt, er solle auf mich warten. Schickt Eure Soldaten in mein Haus und lasst ihn abholen."

Der König liebte seinen Sohn und war immer noch von tiefem Schmerz erfüllt über seinen Verlust. Er ließ den Jäger zu sich bringen und fragte ihn: „Woher hast du den Schmuck?

„Den Schmuck gab mir ein Tiger, dem ich das Leben gerettet habe", antwortete der Jäger.

Der König glaubte ihm nicht und befahl, ihn zu hängen. Die Soldaten fesselten den Jäger und brachten ihn zum Platz der Hinrichtung.

„Ach, hätte ich doch nur auf den Rat der Tiere gehört", dachte der Jäger. „Sie hatten recht: Der Goldschmied ist ein schlechter Mensch. Er ist neidisch und gierig, anstatt mir, der ihm das Leben gerettet hat, zu danken."

Auf dem Weg zum Galgen kamen sie am Bau der Schlange vorbei. Die Schlange erkannte sofort den Jäger, der ihr das Leben gerettet hatte, und sah, dass er unbedingt ihrer Hilfe bedurfte. Sie kroch zum Königspalast und biss die Prinzessin, die daraufhin in ein tiefes Koma fiel. Dann beschwor sie die Prinzessin, dass niemand sie heilen könne außer dem Jäger.

Der König war sehr besorgt um die Prinzessin und rief die berühmtesten Schamanen zu sich. Doch niemand konnte helfen.

Plötzlich vernahm der König, dass die Prinzessin im Koma nach dem Jäger rief. Der König ließ ihn daraufhin von seinen Fesseln befreien und bat ihn inständig, seine Tochter zu heilen.

Der Jäger faltete seine Hände und pustete dreimal ins Gesicht der Prinzessin. Die Prinzessin stand auf und war geheilt.

Der König bedankte sich, gab dem Jäger Gold zum Lohn und bat ihn, in seine Dienste zu treten.

Den gierigen Goldschmied ließ er jedoch töten.

Der herzlose Jäger

Vor langer Zeit lebte einmal ein Jäger mit seiner Frau und seinen Kindern in einer kleinen Hütte am Rand des Dschungels. Jeden Morgen ging der Jäger in den Dschungel, um Hasen, Eichhörnchen, Vögel und andere wilde Tiere zu jagen. Seine Frau verkaufte das Wild auf dem Markt und brachte auf dem Rückweg Reis, Salz, Zucker und Süßigkeiten für die Kinder mit.

Eines Tages, als der Jäger wieder einmal in den Dschungel kam, fand er kein einziges Tier. Er ging immer tiefer in den Wald. Plötzlich stand vor ihm ein großer Tiger. Der Jäger versuchte, auf einen Baum zu klettern, doch er war recht ungeübt darin und kam nur langsam voran.

Das beobachtete ein Affenweibchen, das sein Junges im Arm trug.

„Der Tiger ist ein grausames Tier", dachte das Affenweibchen. „Er frisst uns Affen, die Zahl unserer Artgenossen wird immer geringer. Der Jäger ist auch kein Freund der Tiere des Dschungels, aber er ist das kleinere Übel. Ein paar von ihnen schaden nicht. Und schließlich würde ein Jäger immer auf der Seite der Affen stehen, wenn es gegen einen Tiger ginge."

So kletterte der Affe dem Jäger entgegen, zog ihn hoch auf den Baum und rettete ihm somit das Leben.

Der Jäger bedankte sich bei dem Affenweibchen und versprach, ihm in Zukunft zu helfen und es zu beschützen.

Der Tiger wartete unter dem Baum aufmerksam auf den Augenblick, in dem der Jäger wieder heruntersteigen würde.

Doch das Affenweibchen wusste von der Schlauheit des Tigers und warnte den Jäger: „Der Tiger ist noch jung und ungestüm. Du musst auf der Hut sein, er wartet nur darauf, dass du unachtsam bist.

Er wird vielleicht einen Tag aushalten, dann wird ihn sein Hunger vertreiben. Hab Geduld und harre aus auf diesem Baum."

Der Jäger dankte dem Affenweibchen für seine Güte

und hörte auf seinen guten Rat. Er machte es sich im Geäst des Baumes bequem und ruhte sich aus.

„Schlaf nur", sagte der Affe, „ich werde heute Nacht wachen."

Am nächsten Tag sah der Jäger beim Erwachen den Tiger immer noch unter dem Baum liegen. Das Affenweibchen versicherte dem Jäger, dass der Tiger bald verschwinden würde, und riet ihm, geduldig zu sein.

„Ich werde uns ein paar reife Früchte besorgen", sagte das Affenweibchen, „Pass du derweil bitte auf mein Baby auf."

Als der Affe davon gesprungen war, dachte sich der Tiger eine List aus. Er begann ein Gespräch mit dem Jäger:

„Lieber Jäger, du verstehst die Situation nicht. Ich habe es gar nicht auf dich abgesehen, sondern auf das Affenweibchen. Ich werde dir nichts tun, wenn du mir das Affenweibchen auslieferst. Heute Nacht, wenn es schläft, stößt du es vom Baum herunter. Ich werde dich ziehen lassen und du kannst schnell wieder bei deiner Familie sein. Du kannst ihnen das Affenbaby als Geschenk mitnehmen, deine Frau wird sich bestimmt darüber freuen."

„Ganoven wie du werden nie aufhören zu lügen", antwortete der Jäger. „Ich bin zwar nur ein armer Mann, aber ich habe den Dhamma studiert. Nie würde ich so schäbig handeln!"

Der Tiger erwiderte: „Ich weiß, was für ein guter

Mensch du bist. Auch ich kenne den Dhamma und respektiere ihn. Aber diesmal hat mich der Himmel gewarnt. Der Himmel riet mir, dieses Affenweibchen zu vernichten. Und weißt du warum? Es ist schlimmer als alle anderen, es lügt, betrügt und ist unverschämt frech. Es stiftet Unfrieden in unserem Dschungel und ist dafür verantwortlich, dass es immer weniger Tiere gibt. Du musst der Wahrheit ins Auge sehen: Wenn du das Affenweibchen nicht heute Nacht vom Baum stößt, dann wird es morgen dich herunterstoßen. Es hat mir sein Geheimnis verraten. Denk an deine Freiheit. Deine Belohnung, das Affenbaby, hältst du schon in deinen Händen. Du hast die Wahl!"

Der Jäger begann zu überlegen, konnte sich jedoch nicht entschließen. In diesem Moment kam das Affenweibchen wieder und brachte viele köstliche Früchte. Es lud den Jäger zum Essen ein.

„Du siehst so traurig aus, lieber Jäger", bemerkte das Affenweibchen, „denkst du an deine Familie? Mach dir keine Sorgen, es ist nur für eine kurze Zeit. Bald kannst du nach Hause zurückkehren. Hab Acht vor dem Tiger, ihm ist noch nie ein Mensch entgangen, der einmal in seine Pfoten geraten ist: Er hat alle gefressen."

Die Nacht brach herein. Diesmal legte sich das Affenweibchen hin und schlief.

„Nun, lieber Jäger, deine Chance ist gekommen", lockte der Tiger, „Entscheide dich, dein Leben ist in

Gefahr ..."

Der Jäger überlegte. Es war eine schwere Entscheidung zwischen Gut und Böse, doch schließlich siegte der Egoismus des Menschen. Er stieß das schlafende Affenweibchen vom Baum und der Tiger fraß es sofort auf.

Nun stieg der Jäger vom Baum herab.

Als er unten ankam, öffnete sich die Erde und verschlang ihn.

Der habgierige Fischer

Vor langer Zeit lebte einmal ein Fischer. Jeden Tag ging er an den See und warf seine Netze aus. Eines Tages beobachtete ihn eine große Krähe. Sie fragte den Fischer: „Hast du Glück beim Fischen?"

„Manchmal fange ich viele Fische und ein anderes Mal habe ich nicht genug, um meine Familie zu ernähren", antwortete der Fischer.

„Mir geht es genauso: Manchmal finde ich reichlich Futter, an anderen Tagen bleibe ich hungrig."

„Da haben wir das gleiche Schicksal. Wir sollten Freundschaft schließen", meinte der Fischer.

„Ich habe eine gute Idee. In der Stadt ist der König gestorben. Ich könnte dir helfen, neuer König zu werden, aber du musst mir versprechen, jeden Monat einen Büffel für mich schlachten zu lassen, damit ich immer genügend Futter habe", schlug die Krähe vor.

Der Fischer war einverstanden. Die Krähe nahm ihn auf ihren Rücken und flog mit ihm zur Stadt. Dort flog sie direkt in den Palast. Sie holte den toten König aus dem Sarg und legte an dessen Stelle den Fischer hinein.

Am nächsten Tag klopfte der Fischer von innen gegen den Sargdeckel. Die Diener hörten das Geräusch und öffneten den Sarg.

„Der König lebt! Er hat aber ein anderes Gesicht als

früher!"

Da sagte der Fischer: „Ja, ich war tot, aber ich aß die magische Frucht einer Krähe. Sie hat mich wieder zum Leben erweckt. Ich bekam ein neues Gesicht. Ich habe auch mein Gedächtnis verloren, deshalb müsst ihr mir helfen, mich zu erinnern."

Die Diener badeten den König, gaben ihm neue Kleidung und setzten ihn auf den Thron.

Der neue König beauftragte seine Diener, einen Büffel für die Krähe zu schlachten, damit sie sich satt fressen könne.

Und so lebte der Fischer als Nachfolger des Königs zusammen mit dessen junger hübschen Frau und vielen Dienerinnen.

Schon im nächsten Monat hatte er die Krähe und sein Versprechen ihr gegenüber vergessen. Die Krähe war sehr hungrig und flog direkt zum König in den Palast: „Du bist jetzt König und ein reicher geachteter Mann. Ich weiß von einem Edelstein. Wer diesen besitzt, darf sich wünschen, was er will, und es geht in Erfüllung. Dieser Stein fehlt dir noch zu deinem Glück. Ich kann dir dazu verhelfen, aber du müsstest ihn dir selbst holen."

Der König wollte diesen Stein unbedingt besitzen und fragte die Krähe: „Könntest du mit mir zu diesem Stein fliegen, damit ich ihn mir holen kann?"

Die Krähe nahm den König auf den Rücken, flog mit ihm zurück zu dem See, an dem er früher als Fischer seine Netze ausgeworfen hatte, und sprach: „Einst warst du ein armer Fischer. Wir waren gute Freunde. Ich half dir aus der Not und du versprachst mir Futter. Du hast dein Versprechen jedoch nicht gehalten. Es ist deshalb besser, dass du wieder das wirst, was du warst: ein Fischer."

Die Krähe flog zur Mitte des Sees und ließ den König hineinfallen.

Der magische Schwan

Eines Morgens ging ein Bauer zum Fluss, um zu fischen. Immer wieder warf er sein Netz vergebens aus, aber plötzlich verfing sich in den Maschen ein weißer ovaler Stein. Noch nie hatte der Mann einen so schönen Stein gesehen. Er nahm ihn mit nach Hause.

Am nächsten Tag hatte sich der Stein in einen wunderschönen weißen Schwan verwandelt.

Der Schwan lud den Bauern ein, sich auf seinen Rücken zu setzen, um mit ihm in einen wunderschönen Garten zu fliegen.

Der Bauer setzte sich auf den Schwan und sie flogen

los. Sie landeten in einem prächtigen Garten mit wunderschönen Blumen. Der Schwan sprach: „Pflück dir so viele davon, wie du möchtest, dann fliegen wir wieder zurück."

Der Bauer schaute sich um. Er pflückte eine Blume und stellte erstaunt fest, dass sie sehr schwer war. Er pflückte noch eine und er fühlte wieder, wie schwer sie war. Nachdem er noch eine dritte Blume gepflückt hatte, hielt er inne, denn er hatte Angst, dass die Last zu schwer werden könnte für den Schwan.

Der Schwan brachte den Bauern wieder nach Hause und flog dann davon.

Die Blumen verwandelten sich in reines Gold und der Bauer wurde ein reicher Mann.

Die Kunde vom neuen Reichtum des Bauern verbreitete sich schnell. Ein Freund des Bauern kam zu Besuch und wollte unbedingt wissen, wie der Mann es geschafft habe, so schnell so reich zu werden. Der Bauer erzählte ihm bereitwillig seine Geschichte.

Am nächsten Morgen ging der Freund zum Fluss. Und auch er fand, nachdem er ein drittes Mal sein Netz ausgeworfen hatte, einen weißen Stein darin.

Der Stein verwandelte sich in einen Schwan, der den Freund des Bauern einlud, in den wunderschönen Blumengarten zu fliegen.

Kaum waren sie dort gelandet, stürzte sich der Freund gleich auf die schweren Blumen. Er pflückte und pflückte, und hörte erst damit auf, als er keine einzige Blume mehr hätte tragen können. „So eine Chance bekomme ich schließlich nie wieder!", dachte er.

Dann sagte er zu dem Schwan: „So, jetzt flieg mit mir nach Hause, damit ich die Blumen ablegen kann, und dann bring mich wieder hierher zurück, damit ich noch mehr holen kann."

Er schwang sich auf den Rücken des Schwans. Der Schwan konnte kaum fliegen, so sehr drückte ihn die Last, aber er schaffte es unter großer Anstrengung bis nach Hause. Dort befahl der Freund dem Schwan, auf ihn zu warten, während er eilig die Blumen ins Haus brachte. Als er seine Blumen im Zimmer abgelegt hatte und vor das Haus trat, war der Schwan verschwunden.

Er ging wieder zurück ins Zimmer und fand dort nichts als verwelkte Blumen vor.

Der Jäger und der Tiger

Ein Jäger hatte seine Ausbildung in Kampfkunst und Magie abgeschlossen und war auf dem Weg zurück in seinen Heimatort. Da sah er unter einem Baum einen toten Tiger liegen. In seiner Ausbildung hatte der Jäger gelernt, wie man Tote wieder zum Leben erweckt. Er wollte sein neu erworbenes Wissen ausprobieren, doch er wusste nicht, ob es auch bei Tieren wirkte. „Wissen muss man in der Praxis anwenden, sonst vergisst man es wieder", dachte der Jäger. So beschwor er den Tiger und blies ihm dreimal ins Gesicht.

Der Tiger reckte sich, sprang auf und fraß den Jäger.

Quellennachweis

Der Hund und das Schwein   *Houmphan Rattanavong,*
Vanasinh journal, 1987

Der herzlose Jäger   *Houmphan Rattanavong,*
Der habgierige Fischer   *Nithan Vat Singthong, 1999*

Der Tiger und die Kobra   *Houmphanh Rattanavong,*
Der Hase und die Bael-   *Nithan Siousavath, 1997*
Frucht

Die Eule und die Apfelsine   *Volksmärchen, Version von*
Houmphan Rattanavong

Der Tiger verlässt den   *Jataka-Märchen*
Wald

Der Tiger und der Specht   *Nithan Nang Tantai,*
Der Elefant und der Specht   *Kom Vannakhadi, Vienti-*
Der Hund und der Esel   *ane,*
Der Kater meditiert   *Band 1, 1957*
Der Vogel Khut und die
Schildkröte
Die drei Fische
Der Reiher und die Krabbe
Der Reiher und die Schlan-
ge

Der Jäger und der Mungo
Der Jäger und der Gold-
schmied
Der Jäger und der Tiger
Der König und der Affe

Der Tiger setzt sich zur
Ruhe
Warum Krokodile keine
Affenherzen essen
Der Hund als König
Die geschwätzige Schild-
kröte
Der dumme Reiher
Die Fliegen im Honig
Der Vogelfänger und die
Kobra

Nithan Nang Tantai,
Ratsabandit sapha lao,
Vientiane, Band 2, 1970

Der Ratchasi und der Hase

Nithan Nang Tantai,
Kom Vannakhadi, Vienti-
ane,
Band 4, 1966

Der Elefant und die Krab-
ben
Der Hase und der Wels
Kampha und der Dschun-
gelhahn

Nithan Phuenmueang,
Vientiane, Band 1, 1989

Der Affe und die Heu-
schrecke

Nithan Phuenmueang,
Vientiane, Band 2, 1989

Der Tiger und die Kröte

Der magische Schwan	*Volksmärchen, erzählt von*
Der Tiger und die Klugheit	*Bounlam Nammavong*

Anmerkung*: Die Geschichten aus der Nang Tantai-Sammlung und den beiden Bänden Nithan Phuenmueang wurden adaptiert und sprachlich so verändert, dass sie im Deutschen verständlich sind.*

Die Fotos wurden in verschiedenen Tempeln von Vientiane und Luang Prabang aufgenommen.

Nachwort

Die 34 Tiergeschichten dieses Buches stammen aus verschiedenen Quellen und Jahrhunderten. Neunzehn Fabeln sind dem Erzählzyklus der *Nang Tantai-Geschichten* entnommen und für den heutigen Leser sprachlich adaptiert worden. In diesem auch als *„Laotische Tausend-und-eine Nacht"* bekannten vierteiligen Erzählzyklus vermag *Nang Tantai,* die ebenso geistreiche wie schöne und tugendhafte Heldin der Rahmenhandlung, einen von Hass und Selbstmitleid geblendeten König durch das Vortragen belehrender Tiererzählungen wieder auf den rechten Weg des Dhamma zurückzuführen. Die Erzählung von *Nang Tantai* entstand zu Beginn des 16. Jahrhunderts. Als Autor gilt *Vijjula Mahā Vihālādhipati Sīta Nāga Nahuta,* der oberste Patriarch und Abt des Klosters *Vijjula Mahā Vihāra.* Er übertrug eine Pāli-Version des ursprünglich im 7. Jahrhundert in Sanskrit verfassten *Pañcatantra* ins Laotische. Die einzelnen Tiergeschichten werden geschickt miteinander verzahnt, sodass ein ästhetisch anspruchsvolles Gesamtwerk entsteht, das sich bis heute großer Beliebtheit in allen Volksschichten erfreut. Die *Nang Tantai-Geschichten* wurden von Generation zu Generation weitergegeben und sowohl inhaltlich als auch sprachlich modifiziert. Andere Geschichten dieses Bandes ähneln Märchen aus der *Jātaka-Sammlung* oder gehen auf Szenen aus dem *Ramayana* zurück.

Aber auch etliche neue Geschichten sind in dem Buch enthalten. Schon im Altertum wurde Literatur als Medium genutzt, um Kritik an Menschen und ihrem Verhalten zu üben. So wie der Narr *Xieng Mieng* ungestraft aussprechen durfte, was dem normalen Untertanen verwehrt war, dürfen in Märchen und Fabeln die Tiere unbekümmert den Menschen einen moralischen Spiegel vorhalten. Hier handeln Tiere wie Menschen. Das fleißige Schwein, das sich nie über zu harte Arbeit beschwert hat, wird bestraft, während der faule, aber listige Hund für seine Lügen belohnt wird. Der Hase gilt als klug und verschlagen, der Tiger als kraftvoll, tapfer, aber dumm, da er unflexibel ist.

Jeder Leser erkennt in den stereotypen Charakteren sofort die Parallelen zur Menschenwelt, wahrscheinlich findet er sogar mühelos Beispiele in seiner nächsten Umgebung. Diese Übertragungsfunktion erklärt die durch die Jahrtausende ungebrochene Beliebtheit von Fabeln.

In der vorliegenden Sammlung laotischer Fabeln, Märchen und Geschichten mag dem deutschen Leser manches bekannt vorkommen. Zwar trifft er auch auf typisch laotische Märchengestalten und Fabelwesen wie den *Rājasī*, ein Fabelwesen aus dem *Himaphan-Wald*, und den *Lüsi* (rishi), einen weisen Einsiedler, doch hat er immer wieder das Gefühl, alten Freunden in neuem Gewand zu begegnen. Auch wenn nicht – wie in der deutschen Fabel – der Hase einen Wettlauf mit dem Igel veranstaltet, sondern der Vogel Khut mit der Schildkröte, und nicht des Fischers Frau gierig ist, sondern der Fischer selber nicht genug bekommen kann, bleiben doch viele Gemeinsamkeiten und Ähnlichkeiten zwischen den deutschen und laotischen Fabeln bestehen. Zwar streichen statt Fuchs und Wolf Tiger und Affen, Elefanten und Kobras durch das Unterholz, aber letztlich verkörpern sie die gleichen menschlichen Eigenschaften. Dennoch werden auch immer wieder laotische Besonderheiten sichtbar. Ein herzloser Jäger etwa, der seinen Lebensretter, einen Affen, dem Tiger ausliefert, wird gemäß der buddhistischen Lehre, nach der menschliche Untaten durch Naturgewalten bestraft werden, vom Erdboden verschluckt. Die geschwätzige Schildkröte, die wir schon in den *Jātaka-Märchen* und in der indischen *Pañcatantra-Sammlung*, ja, selbst bei Äsop finden, zeigt sich hier mit laotischem Flair: Sie zerschellt auf einem Stein und ihre Exkremente verursachen den Schweißgeruch unter den Armen der Menschen, auf Laotisch *khi tao* genannt. Den Märchen vorangestellt sind acht Sprichwörter, die einer noch unveröffentlichten Sammlung laotischer Spruchweisheiten entnommen sind, die Houmphanh Rattanavong in jahrelanger mühevoller Arbeit zusammengetragen und freundlicherweise für diese

Sammlung zur Verfügung gestellt hat. Sie vermitteln einen kleinen Eindruck von dem Geist und der Lebenserfahrung, die auch den laotischen Fabeln innewohnen und die zwischen Resignation – „So ist es eben, so war es immer, wir können es nicht ändern." – und offener Empörung über ungerechte, undankbare und bösartige menschliche Verhaltensweisen schwanken.

Martina Sylvia Khamphasiths Sammlung laotischer Fabeln bietet einen wunderbaren Einblick in eine Erzähltradition, die bis auf den heutigen Tag in breiten Schichten des Volkes lebendig geblieben ist. Diese Sammlung ist ein wichtiger Beitrag für die Verbreitung der laotischen Volksliteratur unter den hoffentlich zahlreichen deutschsprachigen Lesern.

Prof. Dr. Volker Grabowsky,
Westfälische Wilhelms-Universität Münster,
Institut für Ethnologie

Martina Sylvia Khamphasith wurde 1959 in Berlin geboren. Sie studierte Germanistik und lebt seit 1984 in Vientiane/Laos. Sie arbeitet freiberuflich im Bereich Deutsch als Fremdsprache und als Lektorin.

Von Martina Sylvia Khamphasith sind folgende Bücher als Printausgabe und als Kindle-E-Book erschienen:

Xieng Mieng, Schelmengeschichten aus Laos; 2007
Hamburger Haiku Verlag
ISBN 978-3-937257-99-0

Tempel und Tortillas. Erlebnisse in Laos und Mexiko;
zusammen mit Kiki Suarez; 2007
Hamburger Haiku Verlag
ISBN 978-3-937257-97-6

The Bamboo Bridge. Experiences in Laos; 2008
Hamburger Haiku Verlag
ISBN 978-3-937257-96-9

Haiku from Laos; 2008 und 2012
Hamburger Haiku Verlag
ISBN 978-3-937257-94-5

Spruchweisheiten aus Laos; 2009 und 2012
Hamburger Haiku Verlag
ISBN 978-3-937257-19-8

Die letzte Frucht. Geschichten aus Laos; 2009
Hamburger Haiku Verlag
ISBN 978-3-937257-25-9

Der Blumenschreck. Geschichten aus Laos; 2010
Hamburger Haiku Verlag
ISBN 978-3-937257-26-6

The Flower Bogey. Stories from Laos; 2009
Die Freundlichen Geister, 2010
Hamburger Haiku Verlag
ISBN 978-3-937257-65-5

The Friendly Ghosts. Stories from Laos; 2010
ISBN 978-1-490936-18-5

Die Bambusbrücke. Erlebnisse in Laos; 2012
ISBN: 978-1-490425-26-9

Wahlheimat Laos. Expats erzählen, 2013
ISBN- 978-1-490908-87-8

Nur als Kindle E-Book sind erschienen:

Herr Orloch.
Geschichten aus dem alltäglichen Wahnsinn; 2012

Der schwarze Stein. Geschichten aus Laos; 2012

Stimmungen. Ein Haiku-Spaziergang; 2013

The frog swallows the moon.
Children's stories from Laos; 2013

Der Frosch verschluckt den Mond.
Kindergeschichten aus Laos; 2013

Der Glücksverkäufer.
Kunterbunte Kurzgeschichten; 2013

The Rat Plague. Children's stories from Laos; 2013

Die Rattenplage Kindergeschichten aus Laos; 2013

11538773R00066

Printed in Germany
by Amazon Distribution
GmbH, Leipzig